U0938862

从雄安到人工智能

创新视角下的转型与发展

主　编　顾　锋
副主编　胡　昊　陈　尧　陈华栋

内容提要

本书从政治经济、外交环境、文化教育、科技发展等几个领域的社会热点事件切入，细述事件背后的来龙去脉，分析事件的走向，带领读者一起思考在国内外风云变幻的形势下，中国应该如何面向未来立足世界之林。本书通俗易懂，可作为广大高校学生的课外读物，亦可成为普通读者的枕边书。

图书在版编目（CIP）数据

从雄安到人工智能：创新视角下的转型与发展 / 顾锋主编. —上海：上海交通大学出版社，2018
ISBN 978-7-313-20009-9

Ⅰ. ①从… Ⅱ. ①顾… Ⅲ. ①时事评论—中国—文集
Ⅳ. ①D609.9-53

中国版本图书馆CIP数据核字（2018）第196359号

从雄安到人工智能
——创新视角下的转型与发展

主　　编：顾　锋
出版发行：上海交通大学出版社　　地　　址：上海市番禺路951号
邮政编码：200030　　电　　话：021-64071208
出 版 人：谈　毅
印　　制：上海春秋印刷厂　　经　　销：全国新华书店
开　　本：880mm × 1230mm　1/32　　印　　张：5.375
字　　数：105千字
版　　次：2018年9月第1版　　印　　次：2018年9月第1次印刷
书　　号：ISBN 978-7-313-20009-9/D
定　　价：48.00元

前　言

快速多变，是当今世界发展的一个主要特征；改革创新，是新时代中国特色社会主义建设的一个重要旋律。面对当今复杂多变的内外形势、艰巨繁重的改革任务，我们需要关注热点，深入思考，思索在前、谋划在前、布局在前，为中华民族的伟大复兴与世界的和平发展做出贡献。

2016年12月，习近平总书记出席全国高校思想政治工作大会并发表重要讲话，就加强和改进新形势下高校思想政治工作做出全面部署。习近平总书记指出，当代青年应该成为德才兼备、全面发展的人才，不仅要认识世界和中国发展大势，也要了解中国特色和国际比较，还要承担历史使命和时代责任，更要善于明辨是非和决断选择。

为引导师生更好地读懂中国、读懂世界，本书创作团队以2017年度上海交通大学思研会理论研究课题为依托，结合近期调研梳理的普通民众最为关心的十多个热门话题，邀请并组织专家学者和青年教育工作者进行深入研讨，撰写分析、说明和解读性的文章，并按照政治经济、外交环境、文化教育、科技发展四大板块汇编成册，取名为《从雄安到人工智能》。

该书是上海交通大学编写的“读懂中国”系列读本的重要组成部分，秉承其一贯特点和风格，回答当前青年普遍关注的社会热点问题。本书广泛征求多方面意见，通过精心选题和认真策划，将马克思主义基本理论与高校师生思想实际紧密结合，将晦涩难懂的理论与师生生活实际紧密结合，具有极强的针对性和实用性。每个专题都是从读者可能存在的认识误区、思想疙瘩和实践难题来阐发事理，不回避问题，不避重就轻，不转弯抹角，着眼于解答师生在思想认识上的困惑，是对“课程思政”理念的探索践行，更是一本便于广大普通读者阅读和接受的通俗读物。

目 录

从雄安说起

为什么是雄安?

2017年4月1日，中共中央、国务院印发通知，决定设立河北雄安新区。雄安新区是继深圳经济特区和上海浦东新区之后又一具有全国意义的新区，也是继规划建设北京城市副中心后又一京津冀协同发展的历史性战略选择，是千年大计、国家大事。

很多人以为雄安新区的设置很突然，其实不是。像这样一个国家重大战略决策，不仅不会轻易做出，还是在巨大现实压力下、经历了很多次投石问路并下了大决心才最终做出的。理解这个问题的关键，是如何把相关信息联系起来。

一、如何认识设置雄安新区的紧迫性?

面对北京日益严重的“大城市病”，人们能想和能做的都已想过和试过，结果可以“不大胜亦不大败”一语概之。

在"想"的方面，从流传了十几年的各种版本的迁都说，到"即将设置首都特区"等，民间流传着各种猜测；在"试"的方面，从地方上看，如山东省济宁市早就提出要建文化副都，期望能承担一部分首都的功能[1]。此事一直闹到2009年全国两会，由于受到百名政协委员反对才无疾而终。

从北京自身看，为了应对城市病也做了很多努力，其中一大手笔是把首钢整体搬迁到河北曹妃甸。从国家层面看，京津冀协同发展战略把天津列为双核心城市之一，也是出于解决北京市"一城独大"的顽疾，但天津同样也饱受着大城市病之苦。

在万般无奈的情况下，2015年7月，北京市提出"聚焦通州，加快北京市行政副中心的规划建设"，后来又提出到2017年底将政府四套班子搬到通州的计划，并预计疏散出40万左右人口[2]。但这与北京目前的2 150多万常住人口相比，作用相当有限。

与此同时，不管北京市怎么提高门槛，外来人口增速仍持续走高。据2015年北京国民经济和社会发展统计公报计算，截至2015年末，在北京市2 170.5万常住人口中，外来人口高达822.6万，占比为37.9%。而据全国第六次人口普查数据，仅2010年从河北流入北京的人口就超过北京流动人口总量的五分之一。凡此表明，各种优势资源过度集

1　专家称济宁将成为我国文化副都［N］.第一财经日报，2008-3-3.

2　北京市委等四套班子2017年底搬通州 带动40万人疏解［N/OL］.中国新闻网，2016-3-7.

中的首都北京的城市磁力过于强大，如果周边不能有一个和它相媲美的城市，京津冀的协同发展就有可能是围着北京市再摊一个更大的大饼。

放眼望去，在京津冀要找一个这样的地方并不容易，不仅天津和石家庄不行，连地级城市保定的人口也都超过一千万，再怎么挖掘潜力，都很难建成一个大型人口蓄水池。

在某种意义上，这表明三年来京津冀协调发展尽管在局部取得了很多在过去不可想象的成果，但距离从根本上实现疏解非首都功能还有很大的差距。这就迫使人们另寻新路。

二、中央和国家做了哪些酝酿和准备工作？

2017年4月14日，新华社记者就设立雄安新区专访中共中央常委、国务院副总理张高丽，其中一个重点是说明新区设置是反复讨论、论证的结果[1]。主要内容可概括如下：

习近平总书记亲自抓设立雄安新区的工作。“在雄安新区前期谋划、研究论证、批准设立的每一个阶段，习近平总书记都主持召开重要会议研究部署，作出重要指示、批示，亲自交代每一项任务”。

新区设置的设想最早可追溯到2014年2月26日。当时，习近平总书记就提出：“要坚持和强化首都核心功能，调整和弱化不适宜首都的功能，把一些功能转移到河北、

1 张高丽就设立雄安新区接受新华社记者采访［N］. 新华社，2017-04-14.

天津去”。

2015年和2016年的持续探索。2015年2月10日，习近平总书记提出“多点一城、老城重组”，一城就是要在北京之外建新城。两个月后，习近平总书记提出可考虑在河北合适的地方规划建设一座以新发展理念引领的现代化新城。2016年3月和5月，习近平总书记明确提出“在北京中心城区之外，规划建设北京城市副中心和集中承载地”。

三年而成。2017年2月23日，习近平总书记实地考察河北省安新县和白洋淀生态保护区，了解有关情况，亲自主持会议听取汇报，并就雄安新区规划建设工作发表重要讲话。4月1日，雄安新区战略问世。

正是有了这些前期规划和探索，原本素朴如丑小鸭的白洋淀科技城，才摇身一变成为白天鹅般华美的雄安新区。

三、如何理解河北雄安新区的战略定位？

雄安新区虽被冠以新区之名，与浦东新区、深圳经济特区并列，却比同级别的滨海新区、两江新区、舟山新区等高出许多，因此可以把雄安新区初步界定为：既是国家级新区，又是国家经济特区。

我国的新城新区建设始于20世纪80年代，目前主要可以分为两代。第一代以1979年设立的蛇口工业区为起点，主要是各省市在原农村地区设立的工业园区、大学园区、科技园区等“功能单一”的新城市化区域。第二代以1992年浦东新区的设立为标志，主要是在原中心城区边缘或之外新建的，在行政、经济、社会和文化上具有相对独立和较大自主权的综合性城市中心。但这两者之间又不是一成不变的。当第一代新城新区碰到了通勤成本上扬、公共服务短缺、人气不足、产城不融合等问题后，一般都会自动启动向“综合性城市中心”转型的升级程序，而且大部分第一代新城新区近年来都逐渐发展为综合性城市中心[1]。所以，现在面临的主要是第二代新城新区的转型和创新发展问题。第二代新城新区在最初规划和建设时的城市发展理念比较滞后，不符合五大发展理念、新型城镇化的要求，同时，其空间、产业、信息化、公共服务等专项规划也已落后于深化改革的现实需要。

雄安新区是我国第三代新城新区的代表。它不是简单地圈一块地，上一批项目，设几个机构和投一笔钱，而是作为补京津冀协同发展的“重大短板”以及在总体上促进我国区域经济、社会协调发展的“胜负手”来策划和推出的。这实际上也包含了我国新城新区建设的发展规律和趋势。以后，仍可能会设立一般性的新城新区，但不会像过去那样大批量复制，因为在数量上我们的新城新区已经有些过剩，也有一部分发展不理想。第三代新城新区的主要产生方式有两种：一是在国家战略布局的空白点上“落子”，以占据新的战略要地的方式，盘活我国新型城镇化和现代化建设的“大棋局”，这主要以深圳经济特区、雄安新区等为代表；二是通过对新城和老城进行功能优化和布局调整，从而形成有利于国家战略实施和城市发展的新空间

1　刘士林. 中国的新城新区建设的正确认识和评价［J］. 学术界，2014（2）.

和新支点，这主要以浦东新区和刚刚出台的粤港澳大湾区为代表。前者是在一张白纸上做文章，后者是一棵老树要开新花。一般来说，在经过30多年快速的城镇化之后，真正的战略空白点已经不多。这是雄安新区尤为难能可贵之处。

四、如何认识和评价设立雄安新区的重大战略意义？

如果说，三年来京津冀协同发展的推进，主要属于战术层面的“伐兵”和“攻城”，那也不妨说，河北雄安新区的布局和落子，真正具有了上兵伐谋、以谋取胜的内涵。

1．大国大都，需要规划一个更大的战略腾挪空间

拥有3 000多年建城史与800多年建都史的北京，目前中心城区人口超23 000人/平方公里，机动车保有量超500万辆，既有“首堵”之戏称，又经常陷于“十面霾伏”中，再加上怎么也都根治不了的高房价、上学难、看病难等，都表明这座大城已经病了，而对此最有效的解决办法是减去已超过它承载极限的东西。

中央城市工作会议提出：必须认识、尊重、顺应城市发展规律，端正城市发展指导思想[1]。中外历史上很多都市的迁移和扩建，都是出于遵从自然规律、协调人和自然矛盾的现实需要。从中国古代都城史来看，无论是汉唐的双都城——长安和洛阳，还是唐代对隋朝都城、元代对北京

1　中央城市工作会议举行　习近平李克强作重要讲话.新华网，2015-12-22.

城的扩建，都是因为旧都不能满足首都必须具备的城市功能。再看西方现代大都市，19世纪下半叶，伦敦、曼彻斯特、纽约、芝加哥等在出现了人口拥挤、环境污染、贫富差距悬殊等“城市病”后，也都不约而同地采取了另建新城的策略。

“树挪死，人挪活”，城市也同人一样，挪一挪有好处。在经济全球化和政治多极化的当今世界，在积极应对北京大城市病的同时，另择空间建设一个国家副中心，以备不时之需，对于捍卫国家利益和国家安全是绝对必要的。在某种意义上，就像农业生产中的轮耕制，雄安新区的设置，可以看作是“都城空间轮耕制度”的一次探索，符合城市发展规律。

2. 上兵伐谋：一子落定，满盘皆活

规划中的雄安新区，包括雄县、容城、安新3县及周边部分区域。这个选址和布局，初看起来有些出人意料，但细思之则发现意味深远。

首先，雄安新区一直是潜在的交通战略要地，距北京、天津只有100公里，在高速1小时、城际高铁半小时的交通圈内，此次浮出水面，有望在京津冀腹地形成一个新的“中心地”。

其次，雄安新区城市化水平较低，新区内人力资源、土地资源相对充足，坐拥华北平原最大的淡水湖泊——白洋淀，拥有良好的发展潜力和市场空间，还可连带解决京津冀区域的“中部塌陷”问题。

再次，雄安新区远期规划面积2 000平方公里，比深圳经济特区（1 990平方公里）略大，将近浦东新区（1 200平方公里）的两倍，建成后可容纳人口超过1 000万，这样的规模和体量足以为解决京津冀协调发展的核心问题——疏解北京非首都功能——提供辗转腾挪的战略空间，而且与其他地方相比，三个县城的建设成本又是最低的。

最后，雄安新区的设立具有一子落定满盘皆活的系统效应。比较而言，若论经济基础，雄安新区有些像当年的小渔村深圳，要说后发优势，又像当年和浦西一江之隔的浦东，深入到战略前沿，具备雄厚的发展潜力。在没有这个新区时，谁也看不出京津冀与一带一路、长江经济带如何互动，而设立雄安新区后，一幅“南深圳，东浦东，北雄安”的深化改革和开放发展宏图已跃然纸上。在战略一词已被频繁使用的当下，这才是真正的城市战略规划，是一种更加系统的国家大局设计和一种前瞻性的千年城市谋划。

五、建设雄安新区的当务之急是什么？

马一浮先生曾把先秦诸子与上古文化传统的关系分为四类：一是“得多失多”，二是“得多失少”，三是“得少失多”，四是“得少失少”。我认为，这个原理也适合解释城市发展。以长三角为例，积淀过于沉重的城市（如南京、扬州等）属于“得多失多”，而像上海这样的“新兴贵族”则属于“得少失少”。从这个意义上看，雄安新区和近代上海滩相似，尽管家底不够厚实，但同时包袱和负担也小。如何取长补短？关键是做好“生涯规划”。

1. 以规划防止城市“过度集聚”

城市发展离不开“集聚”，但过度“集聚”就会产生城市病。这是旧城市化的一个主要问题，以至于在今天我们看任何一个城市规划，百分之百都会碰到“轴”“带”“区”“点”等概念，也百分之百都会看到“上下左右几个圈”再加“几个纵横轴线”的图示。沿“轴”、“带”分布的“集聚区”“功能带”“增长极”“示范点”等，既是基础设施建设、投资、住房、公共服务密集布局的空间，同时也是城市不健康的病灶和症结所在。要改变旧城市化的规划思路，需要确立一种“集中+分散”的基本思路，做到“该集聚时集聚，该分散时分散”。[1]

和一般新区遇到的“卧城”“鬼城”“产城不融合”等问题不同，可以预言，在未来相当长的时期内，雄安新区的主要任务是防止“过度集中”。在这方面尤其可以北京为戒，并对已存在和可能出现的雾霾、拥堵、高房价、上学难、看病难等“大城市病”有所准备。但同时也要防止因制定过多的限制性政策，造成未来人口结构失衡、人气低迷、产城不融合等“供给侧”问题。

城市发展的关键不在事后“用脚投票”，而贵在事前“用脑子思考”。在新区规划的起始阶段，认真研究环境、经济与人口等因素的错综复杂机制，通过制定适当政策和科学编制发展规划，促进经济、产业、人口等有序集聚，

1　刘士林.好的城市规划，应当掌握“聚散”之道——刘士林教授在复旦大学的演讲［N］.解放日报，2016-12-13（11）.

引导人口与资源多点、多线、多面布局，既要防止“过度集中”，也要解决“过于分散”，把能想到的问题都解决在萌芽阶段，力避在华北平原上再摊一个新的大饼，是雄安新区亟待下好的一步先手棋。

2．以政策先行防止雄安新区走旧城市化的老路

目前，面对炒房热及有可能出现的房地产城市化，相关部门已冻结了雄安新区的房地产交易，同时，各级政府也在苦口婆心努力劝退各种炒房客和投机商，但受雄安新区战略利好和我国城市房地产炒作惯性的影响，各种地下交易仍然暗流涌动。为避免雄安新区建设陷入房地产化，影响和干扰新区建设和国家战略实施，提出建议如下：

首先，确定建设用地供给“紧缩型”大政方针，在“源”和“流”两方面协同治理。

雄安新区建设用地是治理房地产乱象的主要杠杆之一。一般城市治理房地产市场的策略主要是提高土地供给量或在购房数量、面积、信贷上设限，但由于雄安新区的战略定位及其已客观上形成的巨大市场需求，要想通过投放更多的土地来抑制房地产炒作，可以说基本上是不现实的。因此在雄安新区建设用地上应确立“紧缩型”大政方针，土地供给主要根据国家战略的实际需要，并以尽可能压缩市场自由交易为指针，从“源头”上做好顶层设计，限制并在初期杜绝土地的市场化。同时在“流”的方面或微观市场上，尽可以考虑借助购房政策、户籍与积分制甚至是房地产税等多种手段，把炒房者的利润压到得不偿失的地步，同时减少政府的治理投入。

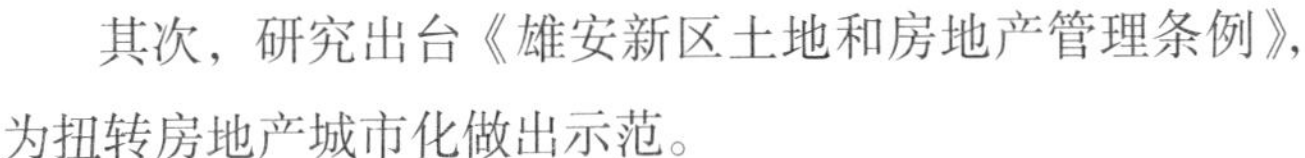
其次，研究出台《雄安新区土地和房地产管理条例》，为扭转房地产城市化做出示范。

利用雄安新区的高规格及特殊性，在吸收我国城市建设房地产化经验教训的基础上，坚持“房子是用来住的，不是用来炒的”的定位，充分发挥国家和政府在土地、财税、投资、交易、立法等方面的综合优势，研究、制定《雄安新区建设期间土地和房地产管理条例》，划定居住、投资、开发、建设的红线，把目前政府封盘举措制度化和长期化，甚至可以出台更为严格的限制买卖的各种条件（如延长时间、提高税收等），严防“开闸”之后的“放水”现象，不给炒房者任何幻想和可乘之机，避免走浦东、深圳房地产化的老路子。同时要及早考虑在周边划出缓冲区或防火墙，防止周边地区房地产化，为新区培育一个健康的生态环境。

3. 千年大计，更要从长计议

目前，国家只是给出了雄安新区的战略意图和目标，接下来还有大量的战略研究工作要做，比如新区的环境资源承载力究竟如何、经济产业究竟要怎样布局、人口结构和公共资源究竟该怎样配置、国家政策红利和各种社会资源如何结合、新区该如何规范管理与保护、如何引导各界参与热情等，这些既需要借助大量的调研和第一手的数据采集，也需要研究和发现它们和“四区”目标——“绿色生态宜居新城区”“创新驱动引领区”“协调发展示范区”“开放发展先行区”——的主要结合点和良性互动机制。

雄安新区建设是一场大战役，甚至有大决战的严峻意味，对此只有把地形、地貌和人员装备等与战略意图、进程、目标等充分结合，才能制定出一套高水平、低成本、奇正结合、风险可控的战略计划和实施方案，并最终保障主要战略意图和各项战略任务的顺利完成。

“罗马城不是一天建成的”。雄安新区的规划才刚刚迈出第一步。由于其涉及环境资源、人口、经济、社会、文化等多要素，以及其体量巨大、关系众多和层级复杂等原因，不论是规划刚刚提出的现阶段，还是在以后的规划建设进程中，出现一些怀疑、摇摆、反复甚至是局部的困难，可以说都是正常和不可避免的，对此既无需“大惊小怪”，也要防止“因噎废食”。对于所有“发展中的问题”，只能以更高水平的发展去解决。

作者简介：

刘士林，博士，上海交通大学城市科学研究院院长、首席专家，媒体与设计学院教授、博导，《光明日报》城乡调查研究中心副主任，北京交通大学中国城市研究中心学术委员会主任、首席研究员，中国传媒大学雄安新区发展研究院学术委员，西南财经大学中国资本市场研究院联席执行院长，“十三五”国家发展规划专家委员会委员，文化部文化产业专家委员会委员。

如何看待社会主要矛盾的转化?

习近平总书记在党的十九大报告中对我国社会主要矛盾作出新的概括:“中国特色社会主义进入新时代,我国社会主要矛盾已经转化为人民日益增长的美好生活需要和不平衡、不充分的发展之间的矛盾。”这个新的社会主要矛盾,是判断中国特色社会主义进入新时代的科学依据,也是新时代的重要特征。如何认识我国社会主要矛盾的演化历程?如何理解社会主要矛盾转化的时代依据?社会主要矛盾转化是否改变了我国的历史阶段和国际地位?这些都是人们十分关心的问题。

一、我国社会主要矛盾的演化历程是怎样的?

矛盾是事物发展的源泉和动力,正确区分和把握社会主要矛盾是治国理政的重要前提。纵观我国当代社会发展,关于社会主要矛盾的论述经历了起起落落的几个阶段,这些阶段大致可分为：需求和生产之间的矛盾——阶级矛盾——需求和生产之间的矛盾——需求和发展之间的矛盾。

1956年党的八大政治报告决议第一次明确指出："我国国内的主要矛盾已经是人民对于建立先进工业国的要求同落后的农业国的现实之间的矛盾，已经是人民对于经济文化迅速发展的需要同当前经济文化不能满足人民需要的状况之间的矛盾，实质上是先进的社会制度同落后的社会生产力之间的矛盾。"这一论述为社会主义建设提供了明确的依据。但是不久之后，由于党对社会主义本质认识不足和"左"倾路线的施行，关于社会主要矛盾的认识退回到资产阶级和无产阶级、中国和帝国主义国家矛盾的认识，这种停留于阶级矛盾层面上的认识在长达近20年的时间里，给国家的政治经济建设带来了比较严重的负面影响。

1978年改革开放开始后，我国进入社会主义建设的新时期。在这一历史转折期，关于社会主要矛盾的认识又重回八大的表述。在1981年通过的《关于建国以来党的若干历史问题的决议》中，提出"社会主义改造基本完成以后，我国所要解决的主要矛盾，是人民日益增长的物质文化需要同落后的社会生产之间的矛盾。"在此后的30多年，对社会主要矛盾的内容的描述都延用1981年的概括。虽然我国社会发展在每一阶段都有着不同的表现和新的特征，但社会主要矛盾始终没有改变。直至十八大，依旧提出三个不变——社会主义初级阶段的基本国情没有变、社会主要矛盾没有变和世界上最大的发展中国家地位没有变。

十八大以来，我国进入全面建设小康社会的关键时期，面对社会出现的新情况、新形势和新常态，习近平总书记在十九大报告中提出中国特色社会主义进入新时代，我国的社会主要矛盾已经转化为人民日益增长的美好生活需要和不平衡、不充分的发展之间的矛盾。十九大报告关于社会主要矛盾的新表述将此前物质文化需要和落后社会生产之间矛盾的表述转化为美好生活需要和不平衡、不充分发展之间矛盾的表述，这既是对旧的社会主要矛盾的具体化和深化，更是对社会发展变化的回应，同时也是中国特色社会主义进入新时代的重要体现。

二、我国社会主要矛盾转化的时代依据是什么？

1. 落后的社会生产面貌已经根本改变

党的十九大报告指出，五年来的成就是全方位的、开创性的，五年来的变革是深层次的、根本性的。从1978年的包产到户到全面建成小康社会的决胜时期，从温饱问题的解决到美好生活需要的提出，当代中国从站起来到富起来直至强起来的变化历程，鲜明地体现了中国社会的不断进步和生产力的快速发展。

在追逐中国梦的五年中，中国社会各个方面硕果累累。我国国民生产总值飞速发展，社会生产力水平显著提高，目前我国已经一跃成为世界的第二大经济体。随着脱贫攻坚的逐步实施，中国每年脱贫人数达1 300万左右；人均收入和消费水平逐年提高，人民生活水平日益提高。例如，“双十一”的销售额年年迅速上涨，2017年“双十一”的销售总额达1 682.69亿元；新四大发明——高铁、共享单车、支付宝、网购的出现刷新了世界对中国人生活现状的认识。“全面二孩”“保障性住房”等与人民利益相关的政策逐步实施；坚持“老虎”“苍蝇”一起打、把权力关进制度的笼子等一系列反腐措施，促进了清明政治环境的创建；“中国制造”“中国话语”“中国方案”等概念不断涌现，背后更是凸显着中国日渐强大的综合国力；“悟空”的升空、“天宫”的建立、“蛟龙”的下海都彰显着中国日益强大的科技实力；“一带一路”建设、中国共产党与世界政党高层对话会的举办，无不体现着中国日益提升的国际地位。

五年来，全面建成小康社会和全面深化改革的历史进程深刻地改变着我们习以为常的生活。归根结底，这些变化都体现为生产力的阶段性突破，它根本性地改变了社会生产力落后的原有面貌，取而代之的是中国正在走向富强的社会生产力。只有当社会意识正确地体现和反映社会存在时，社会意识才能促进社会存在的进步和发展。原有的“落后的社会生产力”表述已经无法体现我国社会生产力的现实状况，因此对社会主要矛盾采取新的表述也就势在必行。

2. 美好生活的需要与不平衡、不充分的发展之间的矛盾

随着社会生产力的快速发展，旧的主要矛盾表述中“人们日益增长的物质文化需求”表述已经不能完全表现出人民所追求的生活模式，人们从原来的追求温饱已经发展到对美好生活的需要。

美好生活的需要主要体现在两个方面。首先，人们对物质文化生活有了更高的要求和期待，从追求生存层次的物质文化需要转变为追求多层次、多样化、个性化的物质文化生活。近年来，从日常生活用品到高端奢侈品都出现了海外购物潮，如国人购买海外马桶盖、电饭煲等，这表现出人们物质需求的进一步提升，人们不再仅仅关注价格是否低廉，而是更加关注商品的质量和品牌；人们追求更高质量的衣食住行，从舒心的角度要求有更高质量的工作环境、更加便利的交通工具和更加舒适的居住条件。其次，在快速发展的社会生产力下，人们表现出更加全面的需要。据人民网调查，人们对两会的关注点主要集中于“反腐倡廉”“社会保障”“收入分配”“社会公平”等问题，人们对衣食住行的关注已经扩展到政治、文化、生态、社会各个方面，获得感、幸福感和安全感也逐渐成为人们的追求。因此，“美好生活需要”比“日益增长的物质文化需要”更能反映出当代中国人的真实的需要状况。

但是我们应该看到，我国某些领域的发展水平相比发达国家还有一定的差距，发展还存在着不平衡、不充分的问题，还无法完全满足人们对美好生活的期待。发展的不平衡主要体现在三个方面：区域不平衡、人均收入不平衡和结构不平衡。

首先，发展不平衡较为明显地体现在区域发展的不平衡上。城乡发展、东西部以及大中小城市之间的差距还没有明显缩小；边疆地区、革命老区、老工业基地等区域存在经济发展滞后的现象；发达地区的经济发展程度高，人民生活水平高，可以享受更多的经济、政治、文化成果，而落后地区人民的物质文化生活虽然得到一定的满足，但其社会福利、文化产品、休闲娱乐、文化教育等方面，与发达城市相比仍然存在较大差距。

其次，发展的不平衡体现为人均收入的不平衡。据国家统计局数据统计，2017年上半年城市人均可支配收入为18 322元，农村人均可支配收入为6 562元，而即使是在城市市民之间，或是在农村农民之间，人们的人均收入仍然存在非常明显的差别，甚至出现了比较明显的贫富差距问题。虽然我国已经是世界第二大经济体，总体上实现了小康，但是由于生产力发展的区域不平衡、社会分配制度的不完善，导致人均收入领域还存在不平衡的问题，以先富带动后富、最终实现共同富裕的历史任务尚未完成。

最后，发展的不平衡还体现在结构的不平衡。一方面是经济领域内部发展的不平衡，如第一、二、三产业所占比例与所创效益的不平衡以及某些行业出现的产能过剩；另一方面是社会的保障制度和公共设施数量不多、质量不高，尤其是在涉及民生的教育、医疗、住房等方面，还比较普遍地存在着供给无法满足需求的状况。

发展的不充分主要体现在发展的质量和效益上。一方面，相比其他发达国家，我国的社会生产力较为低下，民众富裕程度较低。另一方面，我国的经济活力还不够，市场壁垒依旧存在，某些领域的发展方式和治理方式较为滞后，制约着人们对美好生活需要的满足。同时，由于社会矛盾和问题交织叠加，全面依法治国任务依然繁重，国家治理体系和治理能力有待加强。

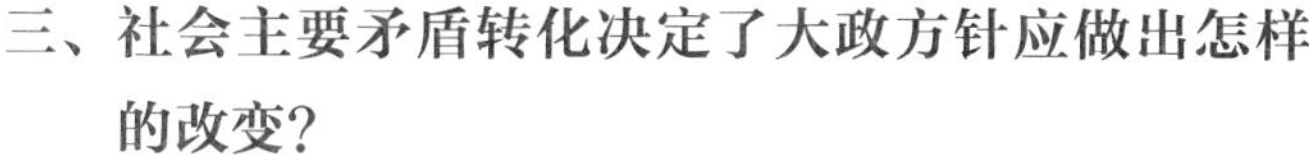

三、社会主要矛盾转化决定了大政方针应做出怎样的改变？

唯物辩证法告诉我们做任何工作都要抓住重点，牵住牛鼻子。这里的牛鼻子就是要把握事物的主要矛盾，主要矛盾决定事物的变化和发展。十九大报告对中国未来有一个全新的战略安排，即到2020年要全面建成小康社会，到2035年基本实现社会主义现代化，到21世纪中叶全面建成富强、民主、文明、和谐、美丽的社会主义现代化强国。这三个不同的阶段性目标十分清晰地描述了未来中国的模样——全面发展的社会主义强国，而在这个庞大的未来工程中，我国的大政方针就需要依据社会主要矛盾来制定。

社会主要矛盾决定着我国当前的主要任务，决定着治国理政表现出来的具体内容。首先，美好生活需要的主体是人民群众，这就要求在治国理政的过程中关注人民群众对美好生活的需要，把人民群体美好生活需要的满足作为治国理政的出发点和归宿。其次，社会主要矛盾的变化决定着我们的主要任务是改变不平衡、不充分的发展现状，从而实现全方位、多层次、充分的发展。经济上贯彻新理念，激发经济活力和创造力；政治上充分发挥民主政治的优势，促进社会治理的现代化，保障人民权利和利益；文化上激发全民族文化创造活力，给人民提供更加丰富的精神食粮；公共服务中更加注重人民日益关注的就业、教育、健康等方面，满足人民的美好生活需求；生态上倡导绿色生产生活方式，提供生态产品满足人们需求。除此之外，我国民族关系、军队、外交等各方面都要按照平衡发展和充分发展的要求做出相应调整。至本世纪中叶，我国要建设成为富强、民主、文明、和谐、美丽的社会主义现代化强国，从而彻底改变我国发展的不平衡和不充分问题。

四、社会主要矛盾转化是否改变了我国的历史阶段和国际地位？

十九大报告提出两个“必须认识”，一方面是必须认识到社会主要矛盾的变化是关系全局的历史性变化，对党和国家工作提出了许多新要求，另一方面是必须认识到我国社会主要矛盾的变化，没有改变我们对我国社会主义所处历史阶段的判断，我国仍处于并将长期处于社会主义初级阶段的基本国情没有变，我国是世界最大发展中国家的国际地位没有变。

首先，社会主要矛盾的变化只是我国发展新阶段的表现。社会基本矛盾贯穿社会发展的始终，而主要矛盾作为众多矛盾中占据支配地位的矛盾，会随着社会存在的变化而发生变化。1987年党的十三大报告明确提出社会主义初级阶段理论，社会主义初级阶段是指我国生产力落后、商品经济不发达条件下建设社会主义必然要经历的特定阶段，即从1956年社会主义改造基本完成到21世纪中叶的整个历史阶段。无论是改造私有制、建立社会主义制度，还是发展生产力、建立现代化国家，都是属于社会主义初级阶段。社会主义初级阶段需要改变落后的社会生产力和不发达的商品经济现状，这一过程需要经历上百年时间。这是基于落后的社会生产转化为发展的不平衡和不充分这一问题而做出的表述，是当代中国自改革开放以来发展进入到新时代而表现出来的客观结果。

其次，发展的不平衡和不充分是我国发展的量变过程中的一个阶段。我们应该清醒地认识到目前我国的发展还处于量变的积累阶段，还处在为产生发展的重大质变而准备条件的历史阶段。自从改革开放以来，我国国民生产总值和人均收入迅速增长，但是并未彻底改变生产力的不发达性质和发展的不平衡、不充分状况，我们国家的主要任务仍是解放生产力和发展生产力。衡量发展水平的主要标准之一是人均国民生产总值。根据2016年世界GDP和人均国民生产总值数据统计显示，虽然我国国民生产总值位居世界第二，是位居第三的日本的三倍，但是人均国民生产总值却排名第69位；位居第五的美国，其人均国民生产总值是中国的6倍之多。可见，相对于发达国家来说，我国人均国民生产总值仍然很低，这就决定着我国仍然是发展中国家。

我国仍处于并将长期处于社会主义初级阶段、我国是世界最大的发展中国家这两点，决定着我们的主要任务是解放生产力和发展生产力。社会主要矛盾的转化并没有改变我们国家所处的历史阶段和国际地位，明确这些才能看清我们国家所处的历史方位和国际位置，从而为我们国家的再出发找到历史基准。与此同时，认识到我国社会主要矛盾的转化并不意味着不注重生产力的发展，而是在发展生产力的基础上，关注人民更高层次、更多样化的需要，从而在解决发展的不平衡和不充分问题的过程中，回应和满足人民群众对美好生活的需要。在认识“两个不变”的基础上，抓住主要矛盾的阶段性特征，把握主要矛盾转变的基本逻辑，这既是我们牢牢坚持党的基本路线的重要基石，也是我们建设社会主义现代化强国的实践指南。

作者简介：

冯显婷，上海交通大学马克思主义学院硕士研究生；鲍金，上海交通大学马克思主义学院副教授。

共享经济：一种崭新的经济形态

近年来，共享单车、共享电动车、共享汽车、共享充电宝、共享雨伞、共享篮球等共享服务如雨后春笋般出现在中国大地，共享经济正在从一种概念变成一种现实，从高大上的设想成为日常生活的一部分，一种崭新的经济形态诞生了。滴滴用90%以上的应答率和60%的拼成率，解决了打车难问题，将共享经济的模式与理念带到了中国400多个城市，惠及2.5亿人。2016年5月9日，中国电子商务研究中心发布《2016年中国共享经济发展报告》称，2015年中国共享经济市场规模达39 450亿元，增长率76.4%。国家信息分享经济研究中心预测，共享经济将保持年均40%的增长速度，到2020年交易规模将占GDP的10%以上，到2025年占比将攀升到20%左右。在共享经济方兴未艾之际，我们对它还有些问题需要进一步解答：什么是共享经济？共享经济的理论基础有哪些？共享经济对经济社会生活有什么样的影响？共享经济发展的障碍有哪些？怎么看未来共享经济发展趋势？该如何应对和引导共享经济发展？

一、什么是共享经济？

共享经济这个概念可以追溯到美国社会学家马克斯·费尔逊和琼·斯潘思1978年提出的“协同消费”概念和尤查·本科勒2002年提出的“共同对等生产”概念，但共享经济作为一种经济现象是最近几年开始流行的。所谓的共享经济在狭义上指由特定企业平台提供标准化的资源与服务共享，比如优步、滴滴、共享单车、共享充电宝等共享服务；在广义上指包括闲置资源在内的一切资源和服务的有偿使用，如有我、猪八戒、咸鱼等APP；通俗地讲，共享经济就是“我的就是你的”。市场经济条件下个人占有资源越来越多，而资源总量显得相对短缺，在这个背景下，共享经济应运而生。据统计，私家车停放时间约占95%，物流运输空驶率约占46%，国内城市住宅平均空置率约占25%。共享经济的特征是大众广泛参与，资源高效配置，用户体验更好。共享经济是在商品、服务或资源供给与需求之间矛盾下一种新的资源分配方式。

共享经济的新经济模式是“不求所有，但求所用”，这既符合经济新常态下供给侧结构性改革的要求，也满足了广大消费者的新需求，成为中国经济发展和转型升级的新动力。和传统经济不同的是，共享经济涉及三大主体，即供给方、需求方和共享经济平台。共享经济作为连接供求双方的新纽带，通过定位服务、动态算法、口碑互评等一系列新机制，更加充分、更加精确地促进了供求双方的均衡。从技术的角度看，技术的进步给共享经济提供了技术支撑，同时新的共享经济模式也反过来推进了技术进步。共享经济由交易服务、位置服务、信任体系和供需匹配所构成，也运用和推进了大数据技术、智能硬件、云计算、人工智能甚至无人驾驶等软硬件技术。

国家信息中心信息化研究部主任张新红强调，“根据创新扩散理论，分享经济还处于快速成长阶段；从产品成熟周期来看，分享经济正处于导入期的后期，在向成长期过渡，离成熟期也还远。”专家普遍认为，共享经济发展尚有很大空间，它必将改变我们对传统经济的认识。人们对共享经济的理解有一个不断深化的过程。闲置资源可以共享，不闲置的优质资源也可以共享，比如“名医主刀”移动医疗手术平台。汽车、房屋、单车等有形物品可以共享，无形的知识、经验和技能也可以共享，比如快速问医生、百度在线等在线问答平台。以前的分享平台供求双方都是“无限”的，但现在看来，只有一方是“无限”的也可以共享，比如共享单车、共享雨伞、共享汽车等。

在共享经济条件下，供给端的创造力被激发，更倾向于提供个性化的产品和服务，以形成独特的品牌。共享经济平台的主要优势在于：一是整合线下资源。优步将线下闲置车辆资源聚合到平台上，通过LBS定位技术、算法，将平台上需要用车的乘客和距离最近的司机进行匹配，从而达到对线下车辆资源整合的目的。二是提升资源配置效率。共享经济的出现，降低了供给和需求两方的成本，大大提升了资源对接和配置的效率。这不仅体现在金钱成本上，还体现在时间成本上。三是提供个性化产品。爱彼迎以独特的民宿体验成为共享经济的重要平台之一，为顾客提供具有本地化、人情味丰富或者独特的住宿服务。四是树立个性化品牌。共享经济平台所提供的机制凸显了个人的品牌、信誉，供给方通过提供优质、个性化的服务，获得了比在传统商业组织内更大的成就感、知名度。

二、共享经济的理论基础有哪些？

大体上，共享经济的理论渊源可以分为马克思主义经济学和西方经济学两类。从西方经济学看，费尔逊和斯潘思提出的“协同消费”概念是较早萌芽之一。他们认为，个体可以通过第三方创建的、以信息技术为基础的市场平台，交换闲置物品，分享知识和经验，或者筹集资金。1984年，马丁·威茨曼针对资本主义经济的“滞涨”状况，发表《分享经济》一书，认为其原因在于工资结构的不合理，提出分享制度代替工资制。这里的分享制度是指资本家和工人的工资谈判中，确定的不是具体工资的数额，而是分享比率。可以说，“协同消费”和“共同对等生产”等概念的实质是资本主义生产资料和消费资料通过交换的所谓共享，不涉及分配，不过是市场配置手段的泛化和拓展；威茨曼的分享经济理论表面上看似乎维护和保障了工人的权益，其实只是资产阶级经济学说在分配领域的妥协和改良，在资本主义制度框架下不可能有根本突破和革命。

从马克思主义经济学看，李炳炎的分享经济理论和程恩富、丁晓钦的共享发展话语等都不同程度地反映了马克思主义政治经济学对分享经济的理解和建构。为实现共同富裕，消除两极分化，李炳炎提出了对企业净收入的合理分享以及个人收入在职工之间合理分享，尝试从微观经济层面一次性解决初次分配的公平与效率问题，对公有制条件下的分享经济机制做了探索。党的十八届五中全会提出了共享发展理念，丁晓钦、程恩富区分了习近平的“共享理念”与西方经济学的“分享经济”，认为共享理念与社会主义初级阶段的基本产权制度和基本分配制度相联系，贯彻以人民为中心的发展思路，促进全民共享发展成果。可见，无论是李炳炎的分享经济理论还是程恩富的共享发展话语都从不同角度和层面探讨了中国特色社会主义政治经济学的共享问题。

由于共享经济尤其是现代共享经济的实践在西方发展迅速，当前国内共享经济的理论研究和讨论主要受到西方经济学的影响，不过也有马克思主义政治经济学的声音和观点。从一般的理论视角看，共享经济涉及如下三个基本问题。

第一，个体利益与集体利益。这是社会主义与资本主义经济理论的重大分歧之一。社会主义更强调集体利益和整体价值，但并不排斥个人利益和个体价值，追求的是共同富裕和每个人全面发展下的个人利益。因此，社会主义的共享经济在充分发挥市场在资源配置中决定性作用的同时，可使更多人共享社会发展成果。

第二，个体理性与集体理性。长期以来，人们存在对社会主义乃至共产主义的一种误解，认为其压抑或牺牲个体理性。事实上，从马克思恩格斯那里开始，社会主义的理论预测、假定和建构从来不牺牲个体理性："每个人的自由发展是一切人的自由发展的条件。"

第三，个体标准与集体标准。客观来说，个体和集体对共享经济的认识、感受和反馈是不一样的，存在较大差异和争议。目前，轰轰烈烈的国内共享经济更多是一种新型租赁经济，分享的还是消费资料或商品，只不过是供给主体发生了变化，从传统销售商逐渐转向所谓共享经济的平台，即新型租赁主体。这就意味着，社会主义所期望和要求的那种全民共享、全面共享、共建共享、渐进共享尚未真正落地，当前共享经济的繁荣和发展与之相差甚远。展望未来，真正推进和落实共享发展理念，实现和建设真正的共享经济，需要调动全体人民积极性，分好不断做大的"蛋糕"，坚决打赢脱贫攻坚战。

三、共享经济对经济社会有什么样的影响？

科技的进步总会给经济社会带来新的变化，共享经济所带来的影响初见峥嵘。有些变化和影响尽管目前并不显著，但"见微以知萌，见端以知末"，一些很微小变化的量变终究成就质变。汽车的发明终结了马车时代，新能源车有可能终结汽油车时代，而共享经济则有可能终结传统商业经济模式，开创一个新的时代。《新资本主义宣言》作者乌马尔·哈克指出，如果传统消费减少10%，而共享消费增加10%，那么传统企业的利润率将受到显著影响；如果传统企业不能进行改变，可能会被淘汰。

共享经济的发展速度已经远远超过预期。目前几乎每个行业都面临产能过剩问题，中国已经从短缺经济过渡到产能过剩时代。不过多数产业过剩的是那些附加值低、技术含量少、能源消耗高的落后产能，而那些附加值高、技术创新度高、能耗消耗少的先进产能仍然面临短缺。传统企业虽然有着自身成熟的经营模式，生存环境却日益艰难。闲置资源是共享经济产生的物质基础，共享经济实现了成本最低化、价值最大化。当前，“互联网+”正在发挥着它高效、快捷、便利、共享的优势，人们在工作和生活中也在追赶着互联网的脚步，而传统行业的脚步已经明显慢了下来，大批企业饱受冲击，甚至消失在了当今高速发展的信息时代。

共享经济将对传统商业模式造成颠覆性冲击和影响。传统经济由于缺乏共享思维，在与共享经济同台竞争时，常常处于劣势。就生产者而言，市场交易成本的降低导致传统企业边界收缩，带来个体经济的强势回归。对消费者而言，交易成本的下降引发“以买为主”向“以租为主”的转变，增加了消费者的福利。通过“自由人”的联合，共享经济给了供求双方更自由的选择，也自下而上推动着制度变革，提升了经济运行的效率。资源共享、合作共赢是传统企业投身共享经济的最佳途径。已经看到共享经济潜力，尚无力建立自己的共享经济模式的传统企业，可以与共享经济新企业合作，将其视为自己的转型机遇和通道。

四、共享经济发展的障碍有哪些?

在经济信息化突飞猛进的今天,用户越来越追求舒适的个性化服务体验、稳定及时的资源供给、安全互动的保障机制、更合理亲民的价格机制。当前共享经济发展面临的障碍主要有:

个性化的用户需求和体验得不到满足。就用户体验来说,当前共享经济还不能一下子满足个性化、多样化和复杂化的需求。悦会(YHOUSE)创始人陈黎筠谈到:"共享经济还有一个很重要的痛点和问题,就是消费端的用户体验问题。不同用户之间多是陌生人,他们通过我们APP约了一块去吃饭,降低了人均消费,但是商户端的服务是否到位,用户的体验是否好,这几个人是不是兴趣比较匹配的小组和社群就有待进一步研究。"共享经济的平台为每个人提供的都是同等的服务,这就产生一个问题:其服务体验是否能满足用户的个性化需求?如何了解和满足用户的不同需求,是共享经济商业模式面对的一个重要挑战。

政策配套支持和鼓励的力度还不够。近年来,国家出台了许多重要文件,明确提出要支持和鼓励发展共享经济。但从一些部门和地区的情况来看,具体的配套政策支持、鼓励和资助的力度还不够,比如关于网约车管理细则,多数城市从车辆标准、司机资质、平台条件、申请程序、保险要求、顺风车限制等方面细化了国家层面的有关规定,有些城市对司机户籍、车辆轴距、排量、准入年限,甚至揽客区域都进行了严格限制,一些规定背离了共享经济的发展规律与内在要求，也与国家包容创新的政策导向相偏离。

法律法规不能适应快速变化的新业态。共享经济具有典型的跨区域、跨行业、跨时代特征，现有的法律法规有的已经无法适应共享经济的快速变化，对共享经济的监管也不利于行业创新。在共享经济时代，融合型新业态大量出现，突破了传统的条分缕析的管理模式。当前，关于平台企业的性质认定、行业归类、新型劳资关系、从业者和平台的税收征缴等尚没有明确法律规定，平台企业的法律地位和责任尚无清晰界定，一些共享经济活动尚处于边缘甚至灰色地带，面临诸多实际的法律和社会风险。现有监管思路主要强调市场细分基础上的准入监管，对新生业态的动态、事中和事后监管仍不到位。

数据共享使用没有形成统一的数据链。共享经济建立在数据采集、共享、分析和研究的基础上。共享经济在交通出行、房屋住宿、生活服务、个人消费等诸多方面都离不开交易方身份认证和信用保证问题，但很多重要数据掌握在政府部门、公共机构和商业企业手中，获取公共数据的渠道少、成本高，发展困难。同时，我国网络基础设施有待进一步提高，部分三四级城市和农村地区网络使用环境不够理想，上网资费依然偏高，基础设施建设的缓慢和不足影响了共享经济的发展。

诚信体系有待建立。共享经济兴起背后还存在失信行为频发现象，OFO共享单车经常被上私锁，被涂号码牌等。途家网创始人罗军说："一般来说，分享经济是碎片模式，非标准化，但事实上不是这么简单，我认为是有标准的，信任的基础，第一个是标准，法律是永远没有用的。”共享经济的发展是为了缓解信任危机，然而在其发展过程中，共享产品遭破坏的现象屡见不鲜，信任危机反而进一步扩大。共享经济的未来发展需要建立一种第三方信任，让用户去信任共享平台和企业。

五、怎么看未来共享经济发展趋势？

共享经济深刻影响着当今经济社会生活，其自身的发展趋势也不断演变，存在诸多变数和不确定性。展望未来，共享经济比较明显的发展趋势是：

共享经济与实体经济加速深度融合。我国正处于经济结构转型升级的关键阶段，处于新旧动能转换的重要阶段，非常有必要通过共享经济全面改造提升传统动能，淘汰落后产能，扩大有效供给，推动传统产业向中高端产业转型升级。随着宽带中国战略和“中国制造2025”的深入实施、“互联网+”的广泛应用、供给侧结构性改革的有力推进，未来分享经济与实体经济的融合将不断加快。共享经济新业态将在产品、空间、资本、知识、技能、劳务等领域开花结果，出现越来越多的新型平台企业。共享经济与实体企业的融合将体现在技术、产业、数据、销售、服务等多个层面和环节。

就业形态将更加个性化和精确化。共享经济的高速发展将逐渐改变工业经济时代的就业模式，孕育形成自由灵活的新型就业形态。共享经济将进一步提升就业岗位创造能力和就业市场匹配能力，增加大量灵活就业岗位，缓解新一轮技术革命所带来的结构性失业问题。越来越多的人将从传统雇佣关系走向信用关系，从雇佣型就业走向创业型就业，从泰罗制、福特制管理走向平台化协同，从全职全时工作走向兼职分时工作，从机械化流水线作业走向自由灵活的“云作业”，从办公室、工厂走向个性化的居家与旅途。

经济组织和分工将被重塑为“平台+个人”。共享经济将“公司+员工”不断改变为“平台+个人”。共享经济的发展让供给者能够自由进入和退出社会生产过程，消解了个人对传统公司和工厂的依赖，个人创新创业逐渐从办公室、流水线中释放出来。越来越多的个人不再属于某个企业、公司和工厂，共享经济平台将成为个人创业、灵活就业、社会消费的主要场所。

中国共享经济将迎来创新、引领和全球化时代。据预测，中国汽车共享市场在未来五年每年将增长高达80%。中国共享经济的企业开始加快国际化步伐，通过天然的开放经济模式，借助大国市场优势、网民红利、转型机遇三重利好，探索国际化道路，比如滴滴出行、硬蛋科技、猪八戒、小猪短租、名医主刀、万能钥匙、住百家等。今天的中国有很多互联网企业已经领跑世界，企业、平台、政府互通互联、共享共治的经济共同体正在构建。

共享企业将加快平台化、全球化和生态化扩张。一些巨型平台型企业已经出现在交通出行、生活服务等领域，它们利用已经掌握的客户资源、用户数据、技术能力开始推进生态化扩张，以进一步提升自身竞争优势。共享经济参与主体将更加多元、权责更加清晰、合作更加紧密，为客户提供更加多样化、精确化、高效化配套增值服务，最终形成一个具有高度开放性、动态性、协同性的创新生态系统。

共享经济治理走向包容性监管与多元化协同。目前，对共享经济的监管理念已形成初步共识，对相对成熟的新业态要量身定做，对孕育中的技术业态要更具弹性和包容性。共享经济的治理监管将以包容创新为前提，既引导共享经济自身规范发展，也创新监管思维、监管模式和监管工具。共享经济治理同时也走向协同监管。政府部门、平台企业、产业联盟和行业协会都是治理体系中不可或缺的主体，准入制度、交易规则、质量安全、风险控制、信用评价、信息保护都是协同监管的重要内容。

六、如何应对和引导共享经济发展？

对于共享经济这种新型经济形态，国家给予了明确鼓励、支持和扶持，各级政府也从政策、法律层面对共享经济做出相应规定。《国民经济和社会发展第十三个五年规划纲要》、《国家信息化发展战略纲要》等强调了对共享经济的支持。例如，政府支持传统出租车公司开展网约业务。2016年网约车出行用户已达4.05亿，2017年达4.78亿，2018年达5.92亿。全球最大智能共享单车平台摩拜目前已进入全球超100城市，运营单车超500万辆，日订单最高达2 500万，注册用户超1亿。

面对共享经济的浪潮，政府有形之手与市场无形之手的关系将更加微妙而复杂。在这种新兴市场经济模式中，政府之手应当有所为、有所不为。在大规模公共自行车领域，政府一度主导的投资开始让位给风险资本投资主导的市场行为。过去，政府砸钱补贴的赔本买卖正在创造更多的盈利可能和新的增长空间。交通运输部日前向全球创业者开放相关大数据池，求解城市交通难题。对于共享经济的培育和引导，政府之手应当重在开放市场，搭建公平竞争平台，引入资本，扫清创业制度性障碍，而非赤膊上阵、越俎代庖。

进一步明确政府的监管职责。共享经济模式的创新会带来经济模式的根本变化，比如互联网金融在短时间里超越了传统银行业几十年的发展。政府在观望和关注新业态的同时，必须进行必要的行业监管。共享经济一出现，就对传统行业发生了摧枯拉朽的作用。旧的体系打破了，新的规则仍然没有形成。马云说，如果银行不改变，我们就改变银行，但金融业作为国家经济的命脉，不可能让变化失去控制，打乱原来的经济根本。国家鼓励新业态创新，同时要对发展到一定程度的新经济企业进行管控。无论是优步、爱彼迎，还是摩拜单车，制定相应的准入制度，会给社会带来清新的秩序。

修订和创新共享经济的法律法规。共享经济具有跨区域、跨行业和网络化的特点，现有法律条文已不能适应其发展，面对共享经济从业人员社保及养老保险问题，电商平台的税收监管问题等诸多新问题，现有法律条文都没有明确的规定。部分监管条款和细则依然是传统经济行政监管的产物，对新型企业和市场创新的鼓励不够，一些创新企业更是面临不合理、不合法的困境。按照现有规定，多数的共享经济企业都涉嫌“违规”，随时面临行政处罚乃至叫停。

发挥政府规划与引领作用。中国政府在经济发展中发挥着非常重要的作用，不仅推动了经济增长和企业成长，也起着重要的监管职责。各级政府的招商引资、工业园区和科学园区的建设，需要引入共享经济的思维模式，来积极推动经济发展。在社会主义市场经济条件下，政府应该充分发挥公有制经济的主体作用，统筹调配公共资源和服务，实现国家资本与平台资本、民间资本甚至外来资本的有机结合，实现管控平台与鼓励创新的双重职能，最终推动和支持共享经济在中国的蓬勃发展。

作者简介：

高玉林，上海交通大学马克思主义学院副教授。

美丽中国需要美丽乡村

2017年10月18日，习近平同志在十九大报告中指出，实施乡村振兴战略。农业、农村、农民问题是关系国计民生的根本性问题，必须始终把解决好“三农”问题作为全党工作重中之重。可以说，十九大的召开赋予了乡村建设更丰富的内容，其中，美丽乡村的规划建设是妥善解决“三农”问题的重要构成部分。笔者十多年前提出“新乡村主义”规划设计理念，对当下的乡村振兴特别是美丽乡村建设具有一定的现实指导意义。乡村振兴实践的重要性与长期性不言而喻，如何客观地理解乡村问题并为其探索适用的相关理论，成为解读乡村发展的重要前提。

一、乡村问题的缘起

乡村问题一直都是困扰中国社会发展的主要问题之一。伴随着城镇化发展过程中的大规模建设扩张，涉及乡村领域的诸多复杂现状已直接暴露于整个社会。城镇化过度扩张使得城市过于依赖有限的资源，资源环境问题不断扩大，对生态环境构成威胁，而乡村则在近几十年成为困扰与威胁最集中的区域。乡村问题首次在全国范围内受到普遍关注，归因于2013年在北京召开的中央城镇化工作会议，习近平总书记在会议中作了重要讲话。这次会议表明了国家对三十年建设进程的反思，其中以“中央城镇化工作会议的公报”中的主要内容为标志，强调了国家转变对今后建设发展的指导：“在促进城乡一体化发展中，要注意保留村庄原始风貌，慎砍树、不填湖、少拆房，尽可能在原有村庄形态上改善居民生活条件。”这一席内容为今后城镇化进程中的乡村建设问题指明了总体方向，也使“乡愁”这一关键词成为近五年来最高频的词汇之一。可以说，2013年“乡愁”一语的出现标志着乡村建设的转型与更新发展全面开启。

党的十九大除了进一步落实乡村发展的未来步骤，更是将乡村建设问题从转型、更新提升到“全面振兴”的高度——实施乡村振兴战略。报告中明确指出：农业、农村、农民问题是关系国计民生的根本性问题，必须始终把解决好“三农”问题作为全党工作重中之重。报告内容分别从建立和健全城乡融合发展体制机制和政策体系，巩固和完善农村基本经营制度，保持土地承包关系稳定，保障农民财产权益，构建现代农业产业体系、生产体系、经营体系，健全自治、法治、德治相结合的乡村治理体系等多个重要方面，做了具体阐述。2015年12月底，习近平总书记曾针对率先发展的浙江省“特色小镇”建设作出过重要批示：“抓特色小镇、小城镇建设大有可为，对经济转型升级、新型城镇化建设，都具有重要意义。”当下全面开展的“特色小镇”建设正逐渐成为“乡村振兴战略”的进阶和突出代表，开辟了创新发展的新路径。总的来说，乡村问题将在今后相当长一段时间内持续成为整体社会发展的主要关注点之一，尤其是今后的乡村建设如何依托农业体系与旅游开发，打造生态效益、经济效益和社会效益有机结合的转型升级发展方式，需要寻求更广阔的发展空间。党的十九大报告的理论阐述，将为乡村领域未来的可持续发展与模式创新，提供准确的定位与宽柔并济的政策扶持。

二、我国的“乡土性”特点与学者对乡村问题的关注

中国社会是具有广泛“乡土性”的社会，“乡土性”这一词语出自著名人类学家费孝通先生。相对于城市文明，乡村社会有着自身特殊的社会和空间结构，村落与城镇在空间构成和社会文化两个体系下，共同组成了当代中国社会的基本格局。事实上，以乡村形态为基础的地域范畴远大于城市文明所占据的空间比例，说中国社会问题根源于“乡土性”，这样的说法是有根据的。中国的广大乡村之所以会产生巨大的变化与发展，根植于背后蕴藏的两股力量：一股来自其自身所在的文化格局的变化，另一股则来自经济结构的变化。换言之，社会文化与经济变化共同推动了乡村变革，这些变化进一步推动了从表象的乡村景观形态直至生活方式、观念意识上的层层变化。

中国也是历来重视乡村社会的，关注其中的社会学者、教育家不在少数。例如早年的晏阳初，在其践行“定县试验”的过程中，因为认识到平民教育之于乡村整体建设的重要性，遂根据“民为邦本，本固邦宁”的中国古训，将平民教育与乡村改造连环扣合，整体推进。晏阳初通过在乡村试验，意识到当时的中国大患是民众的贫、愚、弱、私“四大病”，主张通过办平民学校对民众（首先是农民）进行教育改造，先教识字，再实施生计、文艺、卫生和公民“四大教育”。晏阳初创建的乡村建设理论与方式，不仅在当时产生了很大社会影响，置于当下也仍有现实意义。

又如著名思想家、哲学家、国学大师梁漱溟先生，也曾进行过相似的探索。1928年，他曾在河南进行过短期的村治实验，1931年又来到山东的邹平，进行了长达七年的乡村建设运动，后来实验区逐步扩大到全省十几个县。在他看来，解决中国问题的重点并不仅存于城市，而是落实在以“乡治”为手段的社会改造上。梁漱溟在其著名的《乡村建设理论》中就做过这样的阐述，将涉及乡村传统文化“礼制”的概念，深入浅出地置于当时整个社会剧烈转型的背景下，转释为对“组织”的理解：首先，需要建立一个能发挥自治作用的“组织”；第二，“组织”必须是以中国固有精神为主并兼收并蓄外来文化长处的；第三，“组织”在解决乡村问题时需要借助外部精英的力量。以上三点在今天看来依然富有洞见，不谋而合地呼应了党的十九大报告中“乡村振兴战略”对于“健全自治、法治、德治相结合的乡村治理体系”的观点。

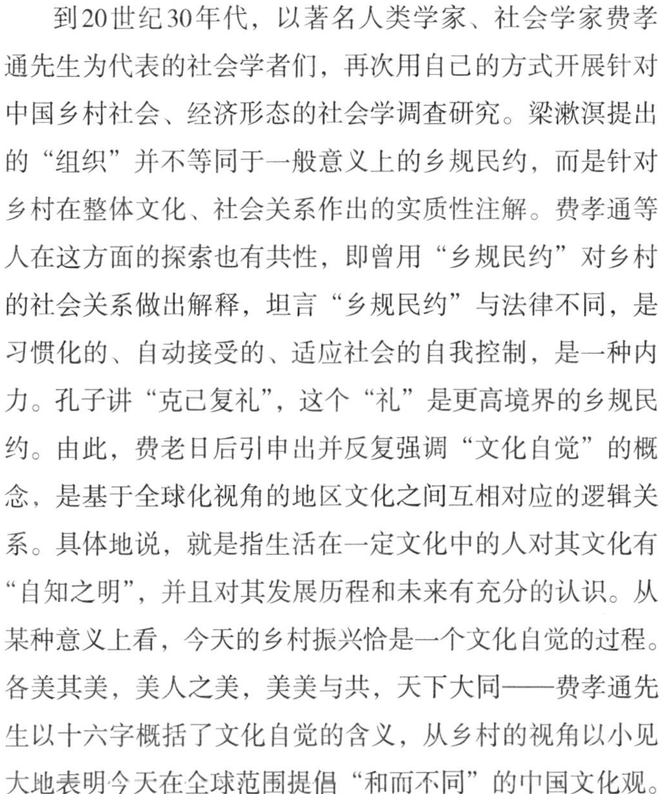

到20世纪30年代，以著名人类学家、社会学家费孝通先生为代表的社会学者们，再次用自己的方式开展针对中国乡村社会、经济形态的社会学调查研究。梁漱溟提出的“组织”并不等同于一般意义上的乡规民约，而是针对乡村在整体文化、社会关系作出的实质性注解。费孝通等人在这方面的探索也有共性，即曾用“乡规民约”对乡村的社会关系做出解释，坦言“乡规民约”与法律不同，是习惯化的、自动接受的、适应社会的自我控制，是一种内力。孔子讲“克己复礼”，这个“礼”是更高境界的乡规民约。由此，费老日后引申出并反复强调“文化自觉”的概念，是基于全球化视角的地区文化之间互相对应的逻辑关系。具体地说，就是指生活在一定文化中的人对其文化有“自知之明”，并且对其发展历程和未来有充分的认识。从某种意义上看，今天的乡村振兴恰是一个文化自觉的过程。各美其美，美人之美，美美与共，天下大同——费孝通先生以十六字概括了文化自觉的含义，从乡村的视角以小见大地表明今天在全球范围提倡“和而不同”的中国文化观。

显然，乡村问题不仅关乎景观形态的全面建设，更在于根植已久的整个乡村社会观念、生存形态发生的转变。

三、“三农问题”与乡村发展

我国乡村建设的诸多方面是随着“三农问题”而存在并不断发展变化的，这是一个主体社会逐渐从农业文明向工业文明过度所必然经历的阶段。试图理解乡村问题，则必须首先了解“三农问题”。

“三农”问题指的是农村、农业、农民这三大问题，具体指在广大乡村区域，以种植业（养殖业）为主、身份为农民的生存状态的改善，产业发展，以及社会进步问题；从宏观角度是指在历史形成的二元社会中，城市不断现代化，二、三产业不断发展，城市居民不断殷实，而农村的进步、农业的发展、农民的小康相对滞后。因此，“三农”问题实际上是一个从事行业、居住地域和主体身份三位一体的问题，是农业文明向工业文明过渡的必然产物。它并非中国所特有，无论是发达国家还是发展中国家都有过类似的经历，只不过发达国家率先较好地解决了“三农”问题。

“三农”问题在我国作为一个概念提出来是在20世纪90年代中期，此后逐渐被媒体和官方引用。实际上“三农”问题自新中国成立以来就一直存在，只不过当前我国的“三农”问题显得尤为突出，主要表现在：一是中国农民数量多，解决起来规模大；二是中国的工业化进程单方面独进，“三农”问题积攒的时间长，解决起来难度大；三是中国城市政策设计带来的负面影响和比较效益短时间内凸显，解决起来更加复杂。

新世纪以来，国家的领导层更加关注“三农”问题，称其为“全党工作的重中之重”，也对“三农”问题有了更深的认识，这一点可以从“中央一号文件”的角度来体现其重视程度。“中央一号文件”原指中共中央在1982年至1986年连续五年发布以农业、农村和农民为主题的文件，对农村改革和农业发展作出具体部署。2004年至2017年又连续14年发布以“三农”为主题的中央一号文件，强调了“三农”问题在中国的社会主义现代化时期“重中之重”的地位。纵览近五年来的中央一号文件中有关农村问题的内容，可以看到如下一系列递进式变化：

2013年中央一号文件提出，鼓励和支持承包土地向专业大户、家庭农场、农民合作社流转。其中，“家庭农场”的概念是首次在中央一号文件中出现。

2014年中央一号文件确定，进一步解放思想，稳中求进，改革创新，坚决破除体制、机制弊端，坚持农业基础地位不动摇，加快推进农业现代化。

2015年中央一号文件确定加大改革创新力度，加快农业现代化建设。

2016年中央一号文件强调要用发展新理念破解“三农”新难题，提出要推进农业供给侧结构性改革。

2017年中央一号文件再次明确，要深入推进农业供给侧结构性改革，这将是一个长期的过程，要协调好各方面利益，确保农民增收势头不逆转。

上述内容明确了农村改革发展的阶段性指导思想、基本目标任务和遵循原则，也预示了“三农”问题将始终是中国改革的焦点问题，随之而来的乡村建设也必将处于总体建设过程中的重中之重。

总的来说，以1978年党的十一届三中全会为标志，近40年来的改革使我国农村取得很大的发展，尤其在农村基础设施、乡村风貌整治、社会事业与公共文化服务体系、民主政治建设等多个方面均有了明显的改善。但同时，在广大农村发展的背后依然存在许多问题，这些问题主要集中在以下方面：

一是如何使农村人口的收入增长。在广大乡村地区，长期以种粮为主的传统观念束缚了部分中老年人群的思想。没有其他增收渠道，没有特色产业支撑，将进一步制约农民收入的增加和对建设社会主义新农村的投入。如何有的放矢地引导地区调整产业结构，成为乡村后续可持续发展的主要挑战之一。

二是仍需进一步提升基础设施建设，其关键在很大程度上依然取决于投入。由于过去不少基础设施（如公路、水利等）在筹建与建造标准上均低于现行标准，升级改造范围较广，难度也大，国家和地方政府不可能面面俱到地安排资金进行维修，年久失修或利用率低或废弃等状况依然普遍。

三是规划编制相对滞后。虽然过去数十年间政府始终关注乡村问题，但因乡村发展涉及面积之辽阔，情况之复杂，加之不断涌现的新问题，规划编制进行得相对缓慢。此外，地方各级单位也缺乏系统安排，如对规划编制的概念、目的不明确，组织方法不够灵活，能力水平有待提高等。过去一段时间曾普遍存在以村容更新代替实质性的乡村建设发展，忽视了产业特色、民间风俗、民众意愿等重要元素。

四是发展决策过程中存在概念不清的情况。应当认识到，当前甚至今后一段时期内，乡村建设发展将主要着眼于三个方面：打造可持续的生态环境，发展现代农业，发掘特色产业。这三个方面既相互独立又彼此融合。但在实际过程中经常出现定位不清晰，进而在组织、协调过程中产生矛盾与资源浪费的现象，无法形成向心力。例如，在一些所谓的示范村建设中，主导产业不明显，导致经济活力疲乏；而在一些特色产业地区的建设中，则存在基础设施不完善、卫生欠佳的状况。当前，支持乡村项目的资金并不少，但也存在相对分散而使用率不高的情况，阻碍了乡村建设的整体推进。

不管怎样，乡村问题关乎整个社会的平稳发展与进步，需要及早加以重视和解决。正如党的十九大所强调的“实施乡村振兴战略”：农业、农村、农民问题是关系国计民生的根本性问题，必须始终把解决好“三农”问题作为全党工作重中之重。要坚持农业、农村优先发展，按照产业兴旺、生态宜居、乡风文明、治理有效、生活富裕的总要求，建立、健全城乡融合发展体制机制和政策体系，加快推进农业农村现代化。

四、新乡村主义与美丽乡村建设

党的十九大将乡村振兴战略提升到新的高度，是对过去乡村发展成效的肯定，也表明今后的乡村发展依然是机遇与挑战并存。总的来说，乡村发展与“三农”问题交错并行始终是不可回避的挑战。笔者在1994年江阴市的乡村景观改造和自然生态修复实验中曾提出过有针对性的景观设计观，即介于城市和乡村之间体现区域经济发展和基础设施城市化、环境景观乡村化的规划理念。后笔者经过完善于2006年提出“新乡村主义”这一概念，即“从城市和乡村两方面的角度来谋划新农村建设、生态农业和乡村旅游业的发展，通过构建现代农业体系和打造现代乡村旅游产品来实现农村生态效益、经济效益和社会效益的和谐统一”。这是笔者提出的一个关于乡村建设和解决“三农”问题的系统概念，顺应了“中央1号文件”的思想，也完全符合党的十九大指示精神。

新乡村主义的核心是“乡村性”，即无论是农业生产、农村生活还是乡村旅游，都应该尽量保持适合乡村实际的、原汁原味的风貌。乡村是农民进行农业生产和生活的地方，应当保有“乡村”的样子，而非追求统一的欧式建筑、工业化的生活方式或者其他完全脱离农村实际的所谓的“现代化”风格。乡村社会中的生命是区别繁华城市的另外一种鲜活状态，是一种既充满生趣又充满野趣的自由的、无拘无束的生命状态，是区别于城市的重要内容，也是乡村生态原真性和可持续性的核心特点。从生命的原真到生态的原真、生活的原真，这一切是人类初始的状态，也是人类未来发展的必然状态。乡村性对于乡村旅游而言尤其重要。乡村旅游的核心吸引物就是农村、农业和乡村文化。乡村旅游之所以能区别于其他旅游形式，最重要的特点就是其浓厚的乡土气息和泥巴文化。这也是现有乡村旅游业主题选择的基本出发点，是乡村旅游发展的核心主题所在。除了农业生产、农民生活和乡村旅游的乡村性，农村的生态环境建设（包括自然生态环境、文化生态环境）的乡村性也是不容忽视的一个重要方面。农村生态环境建设包括优美的自然生态环境和健康的文化生态环境建设，包括农业生产环境和农民生活环境的改善和优化。以乡村振兴为战略高度的新农村建设应该关注农民生活水平的提高，促进城乡生活质量的平衡。“生态”贯穿于“生产”与“生活”的整个过程之中，是新乡村主义的“乡村性”得以实现的保证。

笔者认为，所谓“三生”和谐发展，即做到生产和谐、生态和谐与生活和谐的全面发展。“生产和谐”即发展以现代农业体系为主导的高效农业。农业生产是农村的基本形态，也是农业成为国民经济第一产业的根本所在。中国完成工业化、实现现代化的道路不是削弱农业生产、转向发展工业生产，而是在保证农业生产、巩固第一产业在国民经济中的地位的基础上，不断加强工业化的过程。高效农业，不但表现在农业产品稳定丰产，还表现在农业生产方式多元化且互为促进，互为补充。例如被称为“第六产业”的“观光农业”“休闲农业”，就是利用现有资源发展复合农业产品，即在农业生产正常进行的同时，带入新型产品形态，增加农业收入。观光农业是农业和旅游业有机结合的一个新兴产业。它以发展绿色农业为起点，以生产新、奇、特、优农产品为特色，依托高新科技开发建设现代农业观光园区，是农业产业化的一种新选择。

“生态和谐”以保护和改善农村生态环境为乡村建设的前提，也将是今后乡村建设顺利进行的一项重要保证。以乡村生态、环保节能、文化涵养为特点的乡村环境建设，将是未来农业观光游和民俗旅游发展的努力方向。其中，乡村生态主要指能够为农村生产和生活提供良好背景的外部视觉景观生态，在形象上体现为原汁原味的乡村性，并主要是通过农田生态和田园风光来表现。环保节能应当是今后乡村振兴建设的突出特点之一，主要指生态节能的循环农业模式。所谓循环农业，就是把循环经济理念应用于农业生产，提高农业可持续发展能力，实现生态保护与农业发展良性循环的经济模式。文化涵养主要指在乡村民俗文化方面，构建良好的文化生态，主要体现在营造健康和谐的社会风气、移风易俗，摒弃不良的社会陋俗，可以将一些体现优秀传统的、健康向上的民俗活动进行改造和发展，融入新农村的社会文化建设之中，形成具有充分乡村特色的文化生态景观，为乡村发展创造一个良好的社会文化环境。

如果说“生产和谐”“生态和谐”分别是从经济和谐、自然和谐的角度来看待社会主义和谐社会在乡村振兴中的重要意义，那么“生活和谐”则是体现社会主义和谐社会在人的和谐方面的要求。人的和谐是“三生”和谐的核心，也是“三生”和谐的最终目标，它反映在农村物质文明与精神文明的和谐，以及产业发展与社会发展的和谐。农业作为第一产业，其稳定发展，最根本的目的是哺育社会，保证社会生活所需要的各类资料能得到满足，与产业链其他下游产业一起，为人民生活提供丰富的物质资料。相对于城市来说，农村一直是物质资料匮乏的地方。关注社会的和谐发展，就要关注农民生活是否高质量，是否满足农民需求，是否体现农村生活特色，是否符合新农村的未来发展趋势。另一方面，在城市普遍开展生活环境整治，创造良好的人居环境的同时，人们却忽略了农村人居环境遭严重破坏的问题。笔者提出的“新乡村主义”认为，要真正缩小城乡差距，就必须使衡量和评价农村发展现状、农民生活水平的评价指标体系与城市居民生活环境的评价指标体系一致，这是使农民的生活环境得到真正改善的重要前提。

总之，新乡村主义就是一种通过建设“三生和谐”的社会主义新农村来实现构建社会主义和谐社会的新理念，即在生产、生活、生态相和谐的基础上和尽量保持农村“乡村性”的前提下，通过“三生”和谐的发展模式来推进社会主义新农村建设，建设真正意义上的美丽乡村，实现构建社会主义和谐社会的目标。

作者简介：

周武忠，上海交通大学教授，上海交通大学创新设计中心主任、设计系主任、旅游与景观研究所所长。闻晓菁，上海交通大学创新设计中心管理学博士后、旅游与景观研究所所长助理。

不得不说的外部环境

欧洲选举为何“黑天鹅”频发？

2017年，德国、法国、荷兰、奥地利等11个欧洲国家举行领导人选举、议会选举或全民公投，在这些国家的选举中，出现了一股民族主义、极右翼政治势力和民粹主义的潮流，在很大程度上影响甚至决定了这些国家自身的政治局势，对未来全球政治经济秩序也产生了深远的影响。如何看待这些国家的政治选举呢？

一、欧洲政治“黑天鹅事件”频发

2017年是西方政治世界的多事之秋。受特朗普当选为美国总统、英国脱欧进程的影响，欧洲国家如德国、法国、奥地利、荷兰等11个欧洲国家领导人选举、议会选举或公投充满了不确定性，黑天鹅事件频频爆发。政治选举结果对这些国家的政治局势和未来全球政治经济秩序产生了深远的影响。

2017年3月16日，英国女王伊丽莎白二世批准“脱欧”法案，授权首相特蕾莎·梅正式启动脱欧程序。自此，这场持续四年多的脱欧进程也标志着欧盟开始分裂。早在2013年，时任英国首相卡梅伦首次提及脱欧公投。2015年5月，英国政府向下议院提交并公布了有关“脱欧公投”的议案，并承诺将在2017年底之前举行投票。2016年6月，英国提前举行“脱欧公投”，“脱欧”议案以压倒性多数获得通过，英国首相卡梅伦随后辞去首相职务。英国“脱欧”意味着反对欧洲一体化和反全球化潮流已经形成一股巨大的力量，并很快影响到整个欧洲。

2017年4月16日，土耳其修宪公投获得成功，将议会制改为总统制，从宪法上赋予总统实权，从而改变土耳其现行政体。修宪后，现行议会制改为总统制，执政实权从总理手中落入总统手中；修宪前，总统不可与任何政党结盟，也不可当党派领导人，修宪后，总统可以参加政治党派；颁布法令的权力由内阁落入总统手中；在原来议会制下，22名最高法院成员中，4名由总统指派，剩余由法官、检察官指定。而修宪后，13名最高法院成员中有5名由总统指派，其余由议会选派。西方政府和学界不少人表示，土耳其已经变成了一个威权国家。

2017年5月7日，年仅39岁的埃马纽埃尔·马克龙在法国总统选举第二轮投票中获得超过65%的选票，当选新一任法国总统，成为法兰西第五共和国近60年历史上最年轻的总统。之前，经过11名候选人的初选竞争，极右翼政党国民阵线主席玛丽娜·勒庞和“前进”运动候选人埃马纽埃尔·马克龙进入第二轮投票，这是法国自第五共和国建立以来，首次由两位不是传统左右翼政党的候选人占据总统选举最终竞争的舞台。尤其令人担忧的是，极右翼势力距离法国最高权力的宝座近在咫尺。两位候选人代表了法国政治地理版图出现一条巨大的裂缝，特别是在“全球化”和欧盟问题上出现难以调和的矛盾的当下。尽管玛丽琳·勒庞输掉了最终选举，但她所代表的极端右翼思潮和民粹主义的观念，却将法国引向了不可预料的未来。

欧洲或许正迎来生死攸关的重大历史转折关头。这一系列出人意料的选举事件反映了西方社会和西方民主遭遇了一系列的政治困境和治理危机，而危机的背后，则是民族主义、极右翼势力和民粹主义崛起，威权主义思潮抬头，反全球化声音甚嚣尘上等政治倾向对传统观念的撞击。

二、“黑天鹅事件”折射西方民主制度的哪些困境?

二战以后，西方社会的经济实现了较快增长，持续的经济繁荣催生了一个高消费、高福利社会。高福利社会反过来带来了民众的高要求，西方各国政府以借债的方法来迎合选民。然而，在今天，由于金融取代实体经济而成为主导产业，实体经济不断萎缩，经济结构陷入失衡，导致经济增长乏力甚至衰退。结果，政府在医疗、教育、失业、贫困以及其他社会保障、社会基础设施、公共设施等方面的供给出现短缺，民众普遍不满，社会矛盾尖锐。在所谓的自由竞争市场中，社会资源配置不平等加剧，贫富分化严重，阶层固化明显，中产阶层利益受损且队伍萎缩。频频爆发的“黑天鹅事件”反映的是西方民主体制陷入了前所未有的困境，这些困境主要包括民主的结构性困境、有效性困境和正当性困境。

（一）西方民主遭受结构性困境，体制内部结构失衡和无序

近年来，西方国家中立法权、行政权、司法权之间的结构失衡现象日益明显，或是行政部门及其政治强人对其他政府部门权力的侵夺，或是行政部门受到立法机构的强大阻力而难以有效制定和推行政策，尤其在美国，出现了一种“否决体制”。政党竞争日益激化，恶性竞争不仅易形成危及政府正常运作的政治僵局，也不断侵蚀体现政治体系中审慎协作的精神。国家丧失自主性，制定政策过程受到财阀和利益集团的过度影响，金钱政治盛行，出现政治无序的局面。政治表达和政治参与失控，街头政治、政治抗争和社会暴力导致政权动荡，经济衰退。

在西方民主体制下，票选民主和政党斗争成了政治运行的主旋律。为了获得执政权，各个政党无所不用其极，煽动舆论，迎合民意，互相攻击，将西式民主丑陋的一面展示无遗。政党及其政客要赢得选举，必须有大量的选举资金支持，这就必然导致民主的资本化。大量的财团和利益集团向政党提供资金支持，不仅扭曲了民主过程，而且破坏了政府功能运行。根据《纽约时报》网站披露，2016年美国总统大选，希拉里及其盟友共募得大约10亿美元，特朗普方面的募款金额则在6亿美元左右，尽管双方花费之和较之2012年总统大选减少了3.5亿美元，但仍然是

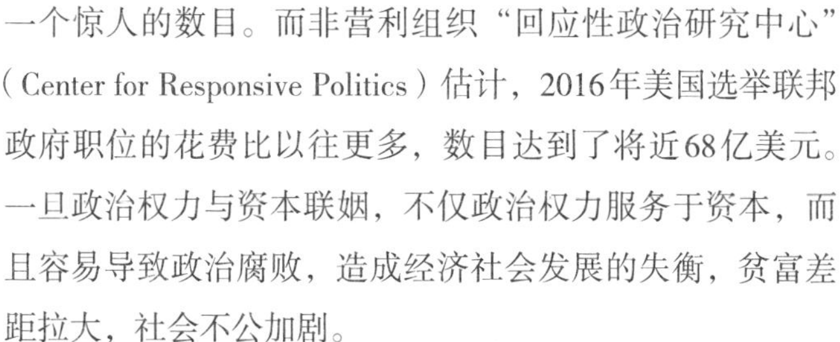

一个惊人的数目。而非营利组织“回应性政治研究中心”（Center for Responsive Politics）估计，2016年美国选举联邦政府职位的花费比以往更多，数目达到了将近68亿美元。一旦政治权力与资本联姻，不仅政治权力服务于资本，而且容易导致政治腐败，造成经济社会发展的失衡，贫富差距拉大，社会不公加剧。

（二）西方民主遭遇有效性困境，国家治理能力和治理绩效下降

西方民主体制内部失衡和无序的结果表现为政府部门出现功能性障碍，国家治理水平下降。在过去半个世纪中，西方国家的政府规模迅速扩张，一定程度上掩盖了这些国家政府的衰败：经常性的经济危机和金融危机、贫富分化悬殊、社会地位不平等、族群歧视、社会缺乏包容性和政治排外，面对穆斯林极端主义和恐怖主义束手无策等，已经明显阻抑了西方社会的发展。

美国国家选举研究机构（American National Election Studies）的调查表明，整个20世纪90年代，几乎三分之二的美国人认为联邦政府的经济政策没有带来生活改善，近20%的人甚至认为情况变得更糟。西方社会的不平等问题日益严重，极少数人获取社会财富的能力越来越强，而工人阶级的相对收入却在持续下降，就连中产阶级也不能幸免。皮尤民意调查中心（Pew Research Center）在2015年12月9日发布《美国中产阶级正在减少》的研究报告指出，1971年中产阶级几乎占美国成年人口总数的61%，到了2015年已经低于50%。与此同时，中等收入家庭的收入占

总收入的比例在1971年为61%，但是这一比例在2014年已经下降到43%。

国际劳工组织曾发布《欧洲正在消失的中产阶级？来自工作领域的证据》，报告显示，在2004年到2011年之间，欧洲的中产阶级人数减少了2.3%，萎缩最为严重的国家包括德国和希腊。三年前，麦肯锡咨询公司的报告用了醒目的标题——《我们比父辈更穷吗？》。报告指出，2005年至2014年，发达经济体居民的实际收入增长停滞，65%～70%的家庭或超过5.4亿人口的收入在下降。这份报告列举了一系列国家的具体数据。英国最大的反对党工党前领袖米利班德说，英国中产阶级正面临危机。英国中等收入家庭的生活水平因高通胀、薪资停涨和政府财政紧缩政策而不断下降，是受到严重影响的主要社会阶层。在希腊，由于债务危机愈演愈烈，近年有近三分之一的人口失去了他们的社会保险和健康保险，同样近三分之一的希腊人已经生活在贫困水平线之下。

当前全球化资本主义正在侵蚀自由民主制度的社会基础即中产阶级，而中产阶级的社会状况往往会影响到政治体制的稳定。

（三）西方民主陷入正当性困境，民众逐渐丧失政治信心

西方国家治理不善的后果主要由民众来承担。民众普遍感觉建制化的政府已经不再代表他们的利益，无论哪个政党上台，都未能为普通民众的经济地位和生活带来明显的改变或帮助。如果选举不能真实反映大众的利益诉求，就会出现代表性危机。

根据美国国家选举研究机构的长期观察，美国人对政治体制的支持一直呈现下降的趋势。20世纪60年代中期以来，美国民众对政府的信任逐渐下降。1966年为61%、1986年为47%、2002年为43%。此后，美国人对政府的信任度急剧下降。到了2012年，只有22%的美国人信任联邦政府，创有史以来最低。对政府回应性（即政府决策在多大程度上关注民众的诉求，以及选举在多大程度上让决策者关注民众的诉求）的评价是民众支持政治体制的重要指标。美国国家选举研究机构的调查显示，1966年高达78%的受访者认为政府决策反映了民意，而到了1982年，该比例急剧下降到了历史最低的34%。此后慢慢回升，在2002年达到了71%，但是到了2012年又降低到53%。作为最能反映民意的机构，民众对国会的评价令人吃惊。美国国家选举研究机构的数据显示，美国人对国会的支持率始终较低，一直徘徊在30%至40%的较低水平，到2008年只有26%，2012年国会的支持率更是降到有史以来的最低点21%。

2016年5月，法国爆发了“黑夜站立”运动，该运动以集会演讲为主要形式，每天晚上抗议者在巴黎共和国广场聚集，讨论的主题从劳动法修改所涉及的最低收入、工作时间、用工制度等延伸至社会治理、环境问题、女权问题等多个方面，甚至指向法国的政治制度。“黑夜站立”运动参与者最初以学生和年轻人为主，逐渐扩大到各阶层人士，从巴黎扩展到全国70个城市。这类抗议示威活动的产生是法国政治和经济社会矛盾长期积累的结果，反映了

“反自由资本主义”“反现行体制”和“反全球化”等多种思潮。法国社会变革已经很难找到突破口，政府治理社会僵化无从下手。民众对政治人物无力改变现状感到失望，对传统政党和政治文化不满情绪越来越严重，对政治制度的不信任日益增长。

三、西方民主制度困境对国际社会政治经济造成什么影响？

欧洲政局以及欧洲民主制度的变化，对国际社会无论是在政治、经济还是在社会文化方面均会产生深刻的影响。

（一）民粹主义政治、极右翼主义和民族主义情绪高涨

一方面，近年来西方社会街头政治频繁、示威游行不断，甚至出现大规模骚乱。欧洲各国政府为了应对债务危机而采取紧缩政策，引发了民众大规模的抗议活动，尤其是西班牙、葡萄牙、希腊等国，政府的紧缩政策加剧了因经济危机和金融危机而导致的社会危机，失业率提升使社会底层人民的生活更加贫困。底层民众甚至中产阶级开始诉诸频繁的、大规模的、非制度化的政治表达和抗议活动，要求维护自己的利益。

另一方面，西方政治舞台上极端政党开始崛起。在欧洲，极端政党在一系列选举中得票率激增，反映了广大选民对传统执政党的普遍不满。2015年，希腊极左翼联盟（Syriza）赢得大选，与右翼“独立希腊人党”（Independent Greeks）达成协议从而组成联盟政府。极右翼政党英国独立党、法国国民阵线也在各自国家的选举中频频赢得大量

议席，甚至一度威胁传统的执政党。极端政党的崛起很大程度上反映了选民对现有政治体制和传统政党的抛弃。人们渴望变革，希望这些极端政党能够打破既有体制的僵局，带来一些新的变化。然而，极端政党的崛起更多地反映了社会分裂和意识形态的极化，社会宽容度降低以及妥协精神的缺失造成政党竞争的恶化和无序化。这种政治体系内部的政党碎片化、极化与政治体系外部的街头政治结合起来，无疑将危及西方的政治秩序。

（二）政治孤立主义、分离主义和反全球化思潮蔓延

英国从欧盟分离出来的行动引发了其他欧洲国家的效仿，荷兰、丹麦、瑞典、法国、意大利的右翼和反移民政党也纷纷倡议在本国实行脱欧公投，将脱离欧盟作为自己的重要政策。与民粹主义和民族主义一脉相承的同时，政治孤立主义日益抬头，并在全球经济和贸易活动中表现出逆全球化和反全球化的倾向。在近年金融危机和主权债务危机的冲击下，全球经济的增长放慢，欧洲各国经济增长疲软，伴随宗教文化而来的移民问题突出，不仅减少了本国民众的工作机会，也分割了教育、医疗等公共福利资源，再加上政治家的不作为和短视，政党纯粹为了争夺执政地位而竞争，因而民众对现状普遍不满，对政府失望。在国际经济和贸易活动方面，经济保守主义在欧洲各国兴起，反对全球化、实行贸易保护和经济壁垒不断蔓延。2008年经济危机后欧洲国家的贸易保护主义事件频发，尤其2015年以来，全球贸易几乎停止增长。WTO机制举步维艰。美国曾经参与和推动《跨太平洋伙伴关系协定》（TPP），但

自己却率先退出该协定，致使该协定几近失败。在社会层面，欧洲国家民族主义情绪高涨，排外主义盛行，反移民政策成为各国主要政党的重要政策议程。法国极右翼势力“国民阵线”打出了“法国优先”的竞选口号。德国、法国、英国等纷纷爆发街头抗议，要求修改法律和限制移民进入。近年来，英国、意大利等国民众的反移民情绪不断上涨，有超过八成的人支持限制大规模移民以及大幅收紧福利的政策。这种局面进一步加剧了欧盟的离心甚至分裂趋势，对全球化构成了巨大障碍。

（三）国际社会陷入民主回潮

进入21世纪以来，全球民主运动遭遇了严冬。在发生政治转型的数十个国家中，大多数国家并没有建立稳定的民主体制，未能走上有效的民主发展之路，而是在经济停滞与政治僵局之间徘徊。阿拉伯之“春”转变为阿拉伯之“冬”，乌克兰陷入分裂危机，伊拉克国内遭遇“伊斯兰国”极端运动，阿富汗卷入政治动荡，等等。就连被认为民主已经得到巩固的韩国，也爆出总统“亲信干政门事件”，引发了持续的政府危机和大规模的民众示威抗议，最终以朴槿惠遭到弹劾而告终。近年，向非民主政体转型的国家开始超过向民主政体转型的国家，许多国家的民主衰落出现了加快趋势。2000年至今，至少有22个国家出现了民主解体的现象。即便在那些勉强维持民主体制的新兴民主国家中，民主表象的背后却是各种治理不善的结果：经济增长难有起色，司法机关和警察滥用权力，政府官僚无能冷漠，腐败盛行，法治不彰，以及统治精英只顾自己利益而忽视社会利益等。近年，英国的《经济学人》、美国的“自由之家”的调查均显示，自2006年以来，新兴民主国家的民主质量出现了下降。不少人甚至发出了“第三波民主化失败了”的慨叹！

四、西方民主制度的改革路在何方？

（一）西方民主曾经成就非凡

欧美国家的民主制度可以理解为近代以来西方国家在民众参与、民主监督、权力制衡、政党关系等方面发展出的较为成熟的政治实践，形成了以普选制、议会制和多党制等为核心的一套制度体系。这也是西方国家构建政治正当性的主要来源。从制度形成过程来看，西方国家在实行民主选举之前就已经建立了一个现代国家，然后在法治、公民社会、责任政府的基础上渐进地推进民主化、福利化，这一过程经历了两三百年。在西方社会现代化进程中，精神权威与世俗权威的分离、个人主义、多元主义、法治等因素的结合赋予了西方民主发展道路的独特性。无论是从经济基础、社会结构还是文化传统来看，西方民主制度与其生存和发展背景之间形成了紧密的关系，在长期实践过程中不断地进行调适。应该讲，西方民主制度本身具有一定的自我修复能力。然而，随着西方民主制度的退化，这种修复能力正在下降。

（二） 西方民主制度逐渐蜕变

20世纪中期，在经济繁荣的背景下，宪政民主、分权制衡、法治等机制的健全将西方民主体制推向了鼎盛。然而此后，代议制民主却日益退化为精英主义民主，演变为熊彼特所言的“民主方法就是那种为作出政治决定而实行的制度安排，在这种安排中，某些人通过争取人民的选票取得作决定的权力”的体制。民主就是政治精英竞争获取权力和人民选择政治领袖的过程，民主的实质就在于一种竞争性的选举过程，通过选举产生的政治精英掌握政治权力，实施具体统治。在当代西方民主制下，每个人享有一票的权利，表面上看是人人平等，但实际上谁也不拥有决定权，真正的决定权控制在少数人手中。现实是，在实行选举制的国家中，当选议员并不一定是能力出众、忠实地代表选民或人民的人，而往往代表了精英阶层、财阀、利益集团的利益。为了获得选票，政党或候选人会竭尽全力讨好选民，而一旦获选，对选民的许诺就变成一纸空文。这使得选举远离民主，徒有形式。

西方民主陷入了一种制度性困局，只重视形式民主和程序民主，将民主简化为选举和多党竞争，选举被神圣化、简单化了。西方民主的困境本质上是民主政治与现代治理之间出现了矛盾。当民主不再寻求合理、有效的公共政策，不再将社会公共福祉作为主要目标，当民主演变成为权力斗争的时候，自由民主的性质便发生了彻底改变，民主被异化了。西方民主尤其是选举民主仅仅解决了国家治理中的代表问题，即由谁来代表选民行使具体管理国家的权力，但却没有回答更为重要的如何具体治理国家的问题。西方政治体制在民主的形式和程序方面卓有成效，但在治理方面却乏善可陈。

（三）积极改革和提升国家治理能力才是出路

制度与生物的生命周期一样，存在着产生、发展、完善以及替代的过程。对于任何一个社会，政治衰败皆不可避免。问题的关键在于国家能否适应时代变化，最终实现自我修复。任何社会都不存在完美无缺的制度形式。西方民主体制遭遇困境的根源就是因为制度无法适应变化的情况，整个体制日益衰败。当西方国家陶醉于自身民主体制的优越性并热衷于推动国际社会的民主化事业之际，西方国家自己的政治体系逐渐丧失了应对挑战而进行自我变革的能力。在当今全球化、信息化、网络化的时代，在全球性与地方性并行、统一性与多样性并存的过程中，西方民主体制似乎难以容身于多元化、多样性和差异化的全球空间，无法满足来自国内外的各种社会政治诉求，未能建构适应全球化要求的国家治理体系。西方民主体制的衰败是一种深刻的制度性衰败和长期性的现象。只要西方民主体制不作出顺应时代趋势的结构性变革，不及时调整国家的治理体系和提升治理能力，政治衰败就将一直持续下去。西方民主制度到了必须改革的时候了。

作者简介：

陈尧，上海交通大学国际与公共事务学院教授。

朝核问题的迷局与破局

一、引子

金正恩执政以来，不顾多方反对，进行了多次核试验和弹道导弹试射。美国新上任总统特朗普对此作出强硬回应，加强对朝鲜的制裁和军事威慑，一时之间朝鲜半岛局势剑拔弩张，冲突大有一触即发之势。到了2018年，朝鲜半岛局势却出现180度大转弯。以韩国平昌冬运会为契机，朝鲜主动向韩国释放善意，派遣高级代表团出席平昌冬运会。随后，韩国方面派出高级特使团进行了回访。回访的成果超出大多数人的预期，朝鲜最高领导人金正恩不仅同意于4月底在板门店韩方一侧的“和平之家”举行朝韩首脑会晤，还通过韩国特使团表达了希望同美国总统特朗普举行会谈的意愿，且特朗普同意与金正恩会面。2018年3月25日至28日，朝鲜最高领导人金正恩对中国进行非正式访问，国家主席习近平同金正恩就朝鲜半岛局势举行会谈，金正恩向习近平主席通报了朝鲜半岛局势出现的新变化。朝鲜半岛局势突然之间出现大反转，由紧张对抗正走向缓和。这是否意味着朝核问题的解决显露出一线曙光？朝核问题的解决能否取得突破性进展？应该看到，冰冻三尺，非一日之寒。虽然此次朝鲜主动释放善意寻求回归对话，但朝核问题能否获得实质性解决还取决于各方能否在朝核问题上达成共识并严格执行之，这却是最难的。朝核问题的发展历程充分证明了这一点。通过对朝核发展历程的梳理和朝核问题主要症结的分析，我们可以更为客观理性地看待这次半岛局势的转变，既对未来怀有希望，又要看到未来必定不可能一帆风顺。

二、朝核问题如何一步步发展到今日之局面？

朝鲜早在冷战时期就已经启动核技术研究，但朝核问题升级为地区性热点事件却是20世纪90年代初的事情，至今已有二十余年。在这一过程中，朝鲜与有关各方有过对话，也达成过协议，各方追求朝鲜半岛无核化目标的努力一直没有中断。从整体来看，朝鲜核问题的发展大致可以分为三个阶段。

第一阶段主要围绕第一次朝核危机的解决。1990年前后美国卫星发现朝鲜位于宁边的核设施存在异常，美日韩三国为此展开磋商，一致认为首要解决的问题是敦促朝鲜签订“核安全协定”，接受国际原子能机构的安全保障监督。1991年9月，美国正式发表声明，谴责朝鲜正在研制核武器，要求对其核设施进行检查。朝鲜则针锋相对，指责美国在韩国部署核武器威胁它的安全，要求同时对韩国核武器进行检查，撤走美国部署在韩国的核武器。第一次朝鲜半岛核危机由此爆发。

1991年底，美国撤走部署在韩国的全部核武器。韩国也采取行动，与朝鲜于1991年底草签了《朝鲜半岛无核化共同宣言》，两国承诺“不实验、不制造、不生产、不接受、不拥有、不储存、不部署和不使用”核武器。1992年1月，朝鲜与国际原子能机构正式签署了“核安全协定”，并同意接受检查。1992年5月到1993年2月，国际原子能机构对朝鲜进行了6次不定期检查，结果表明，朝鲜的核技术尚处于低级阶段。但美国对此存疑，要求朝鲜接受进一步的核检查，同时朝鲜与国际原子能机构就核检查问题分歧不断加大，于1993年3月12日宣布退出《不扩散核武器条约》。1993年5月联合国安理会通过第825号决议，敦促朝鲜接受核检查，尽早重返《不扩散核武器条约》。围绕核检查问题，朝鲜同美国等有关方的斗争十分激烈。通过三轮美朝高级会谈，尽管中间遭遇了众多曲折，美国前总统卡特赴朝斡旋，双方最终达成了《朝美框架协议》。这一框架协议体现了“弃核换补偿”和“行动对行动”的原则，即朝鲜同意冻结现有核计划，封闭其核燃料处理厂，并最终拆除这些核设施，而美国及其盟友向朝鲜提供资源和能源补偿；美国向朝鲜作出正式保证，不对朝鲜使用核武器，朝鲜承诺将采取措施，实现朝鲜半岛的无核化，并表示它将不退出《不扩散核武器条约》。此后，《朝美框架协议》成为朝美双方行动的约束性文件，双方围绕协议内容

的落实展开对话谈判。

第二阶段主要围绕第二次朝核危机的解决。2000年后，新上任的布什政府并没有延续前任克林顿政府的对朝政策，反而对朝鲜采取强硬态度，在2002年的国情咨文中将朝鲜列为“邪恶轴心”国家之一。2002年10月，美国情报机构发现朝鲜与巴基斯坦进行秘密核交易，美国助理国务卿凯利紧急赴朝就此事进行沟通。随后，美国披露在凯利访朝期间，朝鲜官员承认其拥有秘密核计划，为此，美国宣布《朝美框架协议》无效，停止向朝鲜提供重油。朝鲜也不甘示弱，宣布《朝美框架协议》失效，并重启宁边核反应堆，驱逐国际原子能机构驻平壤的监督人员。2003年1月，朝鲜公开宣布退出《不扩散核武器条约》，3个月后正式生效，第二次朝核危机爆发。危机爆发后，美国吸取处理第一次朝核危机的教训，将多边会谈作为解决朝核问题的基本政策选择，避免与朝鲜进行双边会谈。由于《朝美框架协议》失效，美国请求中国出面斡旋，参与解决朝核问题。中国答应了美国的请求，促成中美朝三方会谈，随后美国要求扩大会谈参与方，最终将朝核问题纳入到六方会谈的框架当中。从2003年8月起到2008年10月，中、美、朝、俄、韩、日六方共在北京召开了六轮会谈，并取得了一定的成果。六方会谈最重要的成果莫过于2005年9月19日通过的《第四轮六方会谈共同声明》(即“9·19共同声明”)。这一成果确立了以和平方式可核查地实现朝鲜半岛无核化是“六方会谈”的目标；朝鲜也承诺放弃一切核武器及现有核计划，早日重返《不扩散核武器条约》；韩国也明确表态不发展核武器；美国同意在适当时候讨论向朝提供轻水堆；美、日首次正式承诺将采取步骤实现与朝鲜关系正常化；首次谈到朝鲜半岛和平机制问题和东北亚安全问题。此后，六方会谈围绕落实共同声明，于2007年陆续达成了《落实共同声明起步行动》（“2・13共同文件”）和《落实共同声明第二阶段行动》（“10・3共同文件”）。根据“10・3共同文件”，朝鲜相关的核设施开始去功能化工作。根据相关规定，朝鲜正式向主席国中国提交核申报书，并炸毁宁边冷却塔。2008年10月11日，美国宣布将朝鲜从“支恐国”名单中“除名”。总体而言，六方会谈在过程中遭遇了众多曲折，中间磕磕绊绊，朝鲜半岛基本维持稳定，但这一进程在2008年底后出现了停滞。

第三阶段主要是2009年朝鲜退出六方会谈后至今。2009年新上任的奥巴马政府改变布什政府对朝政策的强硬立场，释放出缓和的态度，但朝鲜并没有对此作出积极回应。2009年4月，朝鲜发射“光明星2号”，联合国安理会通过主席声明谴责朝鲜的发射行为，朝鲜随后宣称永远退出六方会谈，将不再受制于任何六方会谈达成的协议，并再次将国际原子能机构的监察员驱逐出朝鲜，自此，外界无从获悉朝鲜的核活动。虽然此后朝鲜与各方进行了有限的接触，但都没有推动朝核问题的进一步解决。奥巴马政府也逐渐奉行“战略耐心”政策，强调美朝对话或者恢复六方会谈的条件是朝鲜必须拿出“可验证的弃核行动”的诚意，否则不与朝鲜接触。对话接触的尝试不可行，奥巴马政府加大了对朝鲜的制裁和军事威慑，试图通过“大棒”

迫使其放弃核计划，但这一政策为事实证明并不成功，朝鲜的核能力得到了极大的提升。

自六方会谈停滞后，朝鲜分别于2009年5月、2013年2月、2016年1月、2016年9月、2017年9月进行了五次核试验，同时进行了多次卫星发射以及导弹试射，朝鲜的核威慑力逐渐形成。针对朝鲜的核试验和导弹试射，联合国安理会通过了多次的制裁决议，制裁措施的力度不断升级，但仍旧未能遏制住朝鲜的核导开发。美国特朗普政府放弃了前任的“战略耐心”政策，将朝核问题作为其亚太战略的优先议题，从军事上和外交上加强对朝鲜的施压力度，同时引导各种国际资源，包括要求中国向朝鲜施压。

三、朝核问题发展到今日之局面的主要症结在哪？

朝鲜半岛局势的主要症结在于朝鲜所面临的安全困境。冷战时期，在美苏争霸格局下，东北亚安全结构处于相对均衡的局面，大国的均势客观上为半岛提供了安全保障。随着苏联的崩溃解体，东北亚安全结构的均衡体系也不复存在，朝鲜不再拥有强有力的安全保障后盾。在后冷战时代，东北亚形成了复杂的权力关系格局，中、俄在东北亚的地缘政治格局中的作用不断增强，美国与韩国、日本原本就签订了共同防御条约，形成军事同盟关系，朝鲜在这样的权力格局中显得弱小不堪。由于历史因素，中朝两国长期保持着特殊关系，两国还签有《中朝友好互助条约》，但随着中国放弃不结盟政策，奉行独立自主的和平外交政策，致力于国内经济发展，中国无法像苏联那样为朝鲜提供强有力的安全保障。加上冷战后东北亚地区大部分国家都改善了相互间的关系，开放友好的经济合作取代了原有的封闭和对抗，国家间的开放、交流与合作成为主流，但朝鲜并没有融入这种相互合作的主流当中，自身的不安全感并没有得到缓和。总体来看，冷战后的朝鲜半岛安全结构处于失衡状态，形成不对称的安全结构。

苏联解体之后，朝鲜半岛并没有建立起一个全新的、可信的维护半岛和平与稳定的安全机制来取代原有的大国均衡体系也是朝鲜半岛局势动荡的重要原因。目前维持朝鲜半岛安全的机制是半个多世纪前签订的停战协定，这一协定并没有为和平协定所取代。朝鲜不易与美国、韩国取得互信，实现国家关系正常化，对立、对抗、冲突还占主要矛盾的情况下，保障自身安全就只能依靠自己的力量。政权生存与主权安全是一个国家最大的政治。在长期遭受外界孤立与封锁的情况下，强调先军政治，大力优先发展核计划和国防工业部门，即使牺牲其他部门的利益，这是朝鲜选择的生存策略。拥有核武器使朝鲜获得一定的国家安全感，同时也增加其与美国及国际社会谈判的筹码。因此，构建一个均衡的安全保障机制、解除朝鲜对安全问题的担忧对于半岛局势极为关键。

朝核问题一直跌宕起伏，安全困境所造成的美朝互不信任以及美国的对朝政策是朝核问题的主要原因。朝美之间的互不信任是根深蒂固的，这直接导致了朝核问题的解决虽然有对话却无实质性进展。在朝核问题的初期，美朝双方通过双边对话来解决该问题。朝鲜也愿意采

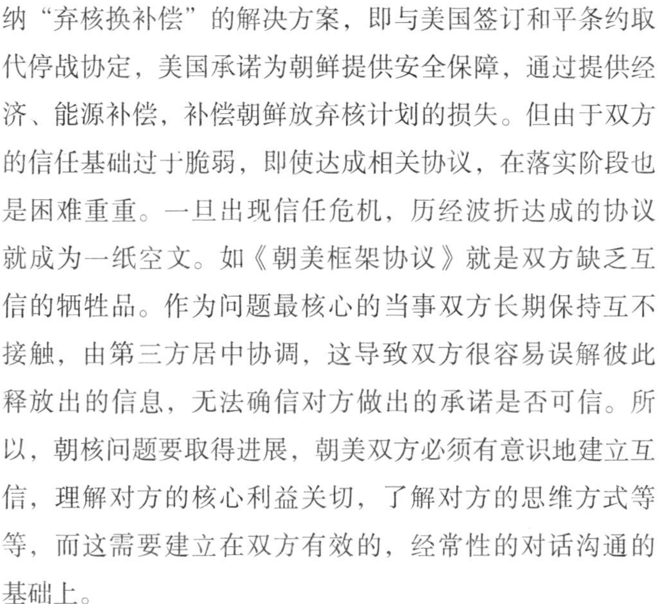

纳“弃核换补偿”的解决方案，即与美国签订和平条约取代停战协定，美国承诺为朝鲜提供安全保障，通过提供经济、能源补偿，补偿朝鲜放弃核计划的损失。但由于双方的信任基础过于脆弱，即使达成相关协议，在落实阶段也是困难重重。一旦出现信任危机，历经波折达成的协议就成为一纸空文。如《朝美框架协议》就是双方缺乏互信的牺牲品。作为问题最核心的当事双方长期保持互不接触，由第三方居中协调，这导致双方很容易误解彼此释放出的信息，无法确信对方做出的承诺是否可信。所以，朝核问题要取得进展，朝美双方必须有意识地建立互信，理解对方的核心利益关切，了解对方的思维方式等等，而这需要建立在双方有效的，经常性的对话沟通的基础上。

四、朝鲜主动对话能否为实现半岛无核化打开一扇明窗？

就朝鲜半岛的局势氛围而言，2018年的开春相比往年无疑是温暖的。朝鲜一改以往形象，以令人耳目一新的姿态主动缓和朝鲜半岛局势，表达了希望与有关方对话的意愿。回首六方会谈停摆以来朝核问题的发展历程，朝鲜这样的改变无疑是令各方振奋的。六方会谈已经停滞了十年，朝鲜在这十年间没有与其他有关各方进行过实质性对话，反而在核导技术开发方面取得了长足发展。朝鲜在十年后主动回归对话，为各方重新坐回谈判桌前针对朝核问题的深层次问题进行谈判协商提供了可能性。

王毅外长曾指出，朝核问题“谈比不谈好，早谈比晚谈好”。当然，朝鲜回归对话只是解决问题的开始，朝核问题的复杂性决定了其最终的解决必然充满曲折，不可能一帆风顺。上文回顾了朝核问题的发展过程，朝核问题极为复杂，涉及多方利益相关者，而且所要处理的具体的，实质性问题也非常多，这些问题都涉及朝美韩三方的核心利益，所以，朝核问题的完全解决不是一朝一夕之事，更无法毕其功于一役。

特朗普政府想要的是“全面、可验证的、不可逆的”弃核目标，在朝鲜没有拿出实质性的弃核措施之前，美国仍然不会放松对朝鲜的制裁。换句话说，仅仅展现对话善意是不够的。而对如今朝鲜而言，核导技术已经远非20世纪90年代初的低水平阶段，其核导技术能力已经得到了实质性提升。朝鲜不可能无条件弃核，现有的核导技术能力也正是其对话谈判的筹码。这也许也是金正恩如此自信地主动提出与韩国和美国对话的原因所在。但朝美之间围绕这一问题谁先做出让步，作出多大让步空间都关系到解决进程。克林顿政府在第一次朝核问题危机时期曾采取“弃核换补偿”的原则，朝鲜履行弃核承诺，美国和其他有关方提供相应的能源补偿。在朝鲜核导技术更加成熟阶段，美国和其他有关方要付出的代价也将更大，而这在具体谈判的过程中各方的利益博弈也将更加激烈。

朝鲜半岛的安全机制建设是朝鲜最关切的问题，美国如何回应朝鲜的这一关切将影响朝核问题的最终解决。

目前维持半岛安全的机制仍然是60多年前签订的《停战协议》，但这个机制已经无法满足朝鲜的安全需求。如何将停战协议转换成和平协议，建立半岛和平安全机制，是朝核问题对话中必须解决的问题。而这一问题的解决涉及众多方面，包括朝美建立互信，实现朝美关系正常化，如何看待美国与韩国的军事同盟关系，如何处理“萨德”问题，如何处理美韩军演问题等等。上述每一个问题的解决都极不容易，但这些问题又都与朝核问题紧密相关。如何拆解旧问题，构建新机制，是朝核问题对话谈判中无法绕过的一环。而这不仅需要朝鲜主动参与对话，更需要美国积极予以回应，同时需要有关各方共同参与，只有这样，朝核问题的解决才可能取得突破和不断推进。

朝鲜主动采取缓和紧张局势的措施，提出和平对话的建议，确实为朝核问题的解决打开了一扇窗。但也要看到，回归对话只是解决问题的开始，朝核问题的深层次矛盾并不会因朝鲜表现出善意就消失。问题的最终解决需要朝鲜与美国以及相关各方一步一个脚印地，务实地加以推动，这一过程注定是困难重重，不仅需要发挥各方的政治智慧，而且也将耗费一定时日。

五、中国在解决朝核问题的过程中扮演着什么样的角色？

一直以来，中国非常清楚自己在解决朝核问题过程中的自身定位。王毅外长在两会记者会上提到，“朝鲜半岛就在中国的家门口”“作为半岛唇齿相依的近邻，中国当然也是解决半岛核问题不可或缺的重要一方”。同时也认识到，中国并非“主要当事方”，主要当事方是朝美两家，解决半岛核问题的钥匙不在中国手里。中国一直明确地将自己定位为“诚实的中间人”，主要职责就是劝和促谈，努力斡旋朝美对话接触，推进六方会谈，力图将朝核问题拉回到谈判解决的轨道，通过对话和磋商不断寻找各方的交集。回顾朝核问题的发展历程，第一次朝核危机主要以朝美双边对话接触为主，自第二次朝核危机爆发起，中国开始积极参与斡旋，帮助促成六方会谈，搭建了六方对话谈判的平台，并达成了重要协议，为促进朝鲜弃核打下了基础。在未来解决朝核问题的过程中，中国作为区域大国也将发挥越来越重要的作用。

一直以来，中国对于处理朝核问题的原则立场明确而坚定。一方面坚持半岛无核化目标，捍卫国际核不扩散体系；另一方面坚持维护半岛的稳定与和平，不允许半岛生战生乱，坚持和平解决方式。据此，中国提出将“双暂停”作为第一步，即朝鲜暂停核导开发活动，美韩暂停针对朝鲜的大规模军演，为朝美双方重回对话谈判营造氛围。在此基础上，双方根据“双轨并行”的谈判思路，即“实现半岛无核化和停核机制转换并行推进”，进行平等对话，寻求朝核问题的最终解决方案。中国的这一思路既坚持国际社会所要求的半岛无核化的坚定目标又回应朝鲜对半岛安全机制的合理关切。中国也曾经历过与朝鲜相似的安全困境，同时作为友好邻邦，在处理朝核问题时，应顾及朝鲜

对于自身国家安全的合理关切。

一直以来，中国始终认为全面均衡解决各方关切的平等对话才是解决问题的唯一正确途径。六方会谈机制停滞之后，朝美双方基本上停止了国家层面的对话。双方缺乏互信基础，美国更是热衷于采用制裁和军事威慑来回应朝鲜的核导实验，但这些对抗措施并没有遏制住朝鲜的核导开发。王毅外长在2014年两会的记者会上就指出，“对抗只能带来紧张，战争更会造成灾难，所以平等对话、协商谈判才是正道”。最近朝鲜在推动半岛无核化进程方面的姿态令人耳目一新，让期待半岛和平的人们看到曙光。对抗封闭只会加深彼此的误解，对话才能让各国开诚布公，直面问题的核心。习近平主席在与金正恩的会谈中指出，对朝鲜为近来半岛局势发生积极变化所作的努力表示赞赏。中国一直以来都在各方中间劝和促谈，朝鲜能够主动提出会谈，中国所做的努力也就没有白费。未来的对话过程免不了困难重重，这需要中国在其中发挥建设性作用，加大斡旋沟通力度，全力推动重启和平解决半岛核问题的对话谈判。

作者简介：

吴友全，上海交通大学国际与公共事务学院博士研究生。

如何打造我们的核心竞争力?

十九大精神是高校思想政治教育创新之魂

习近平总书记的十九大报告是党在中国特色社会主义进入新时代之际的纲领性文件，是全党全国人民为实现中华民族伟大复兴而奋斗的行动指南，同时也是发展新时代中国特色社会主义教育的指导思想。新时代中国特色社会主义教育的重要特征，在于始终将立德树人放在首位。习近平总书记在报告中谈到优先发展教育事业时指出："要全面贯彻党的教育方针，落实立德树人根本任务，发展素质教育，推进教育公平，培养德智体美全面发展的社会主义建设者和接班人。"落实立德树人根本任务，实现培养德智体美全面发展的社会主义建设者和接班人这一目标，思想政治教育责无旁贷，任重而道远。我们要以十九大报告精神为指引，不断深入推进高校思想政治教育的改进创新。

一、开展思想政治教育是社会主义大学的本质体现

学校是培养人的，大学是培养高层次人才的。不同国家或民族对培养什么样的人各有自己的期待和要求。中国高校对所培养的人亦有其独特要求，这就是中国特色社会主义的建设者和接班人。这样的人不会自然长成，而需要进行有针对性的系统教育，使之具有符合特定要求的政治素养和价值理念，具有较高的专业素质和能力。思想政治教育包含非常丰富的内容，其主旨在于对青年学生进行世界观、价值观、人生观的培育和引领，建立对中国特色社会主义的道路自信、理论自信、制度自信和文化自信，这是中国特色社会主义建设者和接班人需要具备的最基本，也是最重要的政治素养和价值理念。因而，注重学生的思想政治教育是中国特色社会主义大学的本质体现，反映了党和国家对大学人才培养的要求。党的历任领导人都一直关注并反复强调对青年学生的思想政治教育，在不同历史时期做出过一系列精辟论述，其根本缘由就在于此。

党的十八大以来，以习近平同志为核心的党中央高度重视大学生的思想政治教育。2014年五四青年节，习近平总书记到北京大学考察，在与师生座谈时集中论述了青年社会主义核心价值观的培育问题。他指出，青年正处于价值观形成和确立时期，“抓好这一时期的价值观养成十分重要。这就像穿衣服扣扣子一样，如果第一粒扣子扣错了，剩余的扣子都会扣错。人生的扣子从一开始就要扣好”。习总书记以非常生动形象的比喻说明青年确立正确价值观的意义。2016年12月，党中央召开全国高校思想政治工作会

议，习近平总书记从培养什么人、坚持什么样的办学方向的高度，强调思想政治教育的重要意义。“我国高等教育肩负着培养德智体美全面发展的社会主义事业建设者和接班人的重大任务，必须坚持正确政治方向，这就离不开思想政治工作。”思想政治教育是实现社会主义大学的培养目标，是坚持社会主义办学方向的重要保证之一。

二、思想政治教育改进创新永远在路上

正因为思想政治教育肩负如此重要的使命和任务，所以不断进行改进创新是它面临的永恒课题。习近平总书记在全国高校思想政治工作会议讲话中指出，思想政治教育“要坚持在改进中加强，在创新中提高”，这是高校思想政治教育努力的方向。

首先，思想政治教育的内容供给需要不断更新。中国共产党的创新理论，中国化的马克思主义是对青年学生进行思想政治教育最重要的思想资源，它是中国共产党人将马克思主义普遍原理与中国革命、建设和改革开放实际相结合的产物，一方面回应了中国革命、建设和改革开放实践提出的重大理论和现实问题，另一方面也是对马克思主义理论的贡献。党的十八大以来，针对新时代提出的重大历史课题，形成了习近平新时代中国特色社会主义思想。这一思想是马克思主义中国化的最新成果，是党和人民实践经验和集体智慧的结晶，新时代的思想政治教育要着力将这一思想融入全过程和各环节之中，以此为基本遵循，去分析中国社会发展的历史进程和不断变化发展着的现实

状况，回应青年学生关切的现实和理论问题，说明中国共产党人为实现中华民族伟大复兴进行的思想和实践探索进程及所取得的成效。思想政治教育的内容供给必定要跟随党的理论创新进展和时代前行的步伐不断更新和优化，这一过程永无止境。

其次，思想政治教育的针对性需要不断调整。高校思想政治教育的对象是青年学生。青年学生的思想和心理处于成长、成熟时期，活跃易变，对于社会变化和流行思潮特别敏感，因而在不同历史阶段和社会环境里，会表现出不同的思想和心理特点。比如，20世纪80年代，中国刚摆脱“十年文革”，外来思潮大量涌进，许多青年学生陷入信仰和人生的迷惘之中，表现出对西方哲学思想如尼采的唯意志论、萨特的存在主义、弗洛伊德的精神分析学等的迷恋。新世纪前后成长起来的青年一代，生活在市场经济体制的大环境中，他们所受的社会思潮影响与前辈有很大不同，所以在思想和心理上又表现出自身的鲜明特征。思想政治教育的规律之一，就是要根据不同时期青年学生的思想和心理特征，针对青年学生关心或感到困惑的具体问题，有的放矢地展开，而决不可“以不变应万变”。面对新时代中国社会发生的历史性变革及青年学生表现出的思想和心理新特征，思想政治教育的针对性亟需进行改进和调整，除了内容供给的更新优化外，还包括教育理念、话语体系、教育重心以及技术手段等多方面的调整，以使我们的教育更加契合和切中青年学生思想和心理变化的脉络，贴近我们所处时代的现实问题。

再次，思想政治教育的方法需要不断改进。思想政治教育不同于一般的专业教育，它不是单纯的知识传授，而是一种直抵心灵深处的对话，注重的是世界观、人生观、价值观的培育和引领。正因此，思想政治教育特别需要讲究教学方法，想方设法最大程度地激活和调动学生的自主思考。对于世界观、人生观、价值观的培育和引领，理论讲解或课堂教学是基础、是遵循，同时还需要受教育者自主思考，结合自身生活实践进行多维度的比照，这样才可能将一种理论植入内心深处，将其转化为自觉践行的行为准则和信念。如今，在市场经济环境中成长起来的青年学生，更为务实、开放，相当一部分人缺乏对理论的兴趣，疏于对人生价值的深入思考，或没有清醒意识到这一问题之于自身成长的意义所在。因而，如何通过改进和创新教育方法，激活起青年学生对马克思主义和党的创新理论的兴趣，带领青年学生一起思考人生的意义，认清国家发展的大势和自己在其中的责任，确立积极向上的人生态度和价值理念，这是新时期思想政治教育面临的重大课题。

此外，思想政治教育的技术手段也需要不断突破。进入新世纪，网络技术发展迅速，由此催生了一系列新媒体形式，如信息收集和推送的移动终端，QQ、微博、微信群、微信公众号等等。各种新媒体形式在青年学生的日常生活中占据重要地位，通过新媒体传播的信息对青年学生的思想有着不容小觑的影响。这种影响既可能是正向、积极的，也可能是负面、消极的，实际上它已经成为不同政治力量影响和争取青年学生的重要阵地。身处这样的时代，思想政治教育决不能满足于既有的传统载体，如报刊资料、教材、参考书、课堂等，而应高度重视和充分利用新媒体的教育功能。一方面积极介入，利用各种新媒体形式传播党的创新理论等正能量，旗帜鲜明地抵制各种错误思潮和言论；另一方面将新媒体技术应用于思想政治教育之中，通过建立网站、制作微课程、运用微信群等方式，加强与青年学生的沟通交流，拓展思想政治教育的空间，增强教育的信息量、冲击力和感染力，提升教育的效率和效果。现代科学技术的进步为思想政治教育技术手段的创新突破创造了条件，也提出了紧迫的要求。

新时代的思想政治教育肩负着重要使命，其改进创新只有进行时，没有完成时。习近平总书记在十九大报告中对教育提出的要求，为推进思想政治教育的改进创新增添了新的动力。

三、认清新时代思想政治教育改进创新的首要任务

思想政治教育的改进创新总是与一定的时代条件和现实要求相呼应，因而在不同时期有其阶段性的重点。新时代思想政治教育改进创新的首要任务，是将习近平新时代中国特色社会主义思想融入教育的全过程和各个环节之中，尤其是要通过思想政治理论课，实现习近平新时代中国特色社会主义思想进教材、进课堂、进学生的头脑。

习近平新时代中国特色社会主义思想包含非常丰富的内容，它回答了在新时代坚持和发展什么样的中国特色社会主义、怎样坚持和发展中国特色社会主义这个重大时代

课题，明确了坚持和发展中国特色社会主义的总目标、总任务、总体布局、战略布局和发展方向、发展方式、发展动力、战略步骤、外部条件、政治保证等一系列基本问题，已形成较为完整的思想体系。十九大的党章修改，把习近平新时代中国特色社会主义思想写入了党的指导思想，确立了它作为党在新时代必须长期坚持的指导思想的历史地位。将习近平新时代中国特色社会主义思想融入、贯穿于思想政治教育全过程及各个环节，通过各种方式带领青年学生学习、领会、掌握这一思想，体现了党对新时代思想政治教育的基本要求，同时也是培养新时代社会主义建设者和接班人的内在需要。

青年代表未来，党提出的“两个一百年”奋斗目标，终将由今天的青年学生来完成。因此，务必使青年学生深入理解、学懂弄通习近平新时代中国特色社会主义思想，这是新时代思想政治教育的重要政治使命。只有深入理解、学懂弄通这一思想，青年学生才能真正认识党坚持中国特色社会主义这条道路的初衷、根据及其对中华民族伟大复兴的深远意义，只有深入理解、学懂弄通这一思想，青年学生才能理解并认同党为推进中国特色社会主义所推出的各项重大方针政策；只有深入理解、学懂弄通这一思想，青年学生才能自觉投入并义无反顾地献身于中国特色社会主义建设事业之中，而这些恰恰是思想政治教育改进创新要达到的目标。

面对新时代思想政治教育改进创新这一首要任务，思想政治教育工作者首先应有高度的责任感和使命感。教书育人，最重要的是教会学生做人，做对社会、对国家有用的人，而这需要有正确的世界观、人生观和价值观的引领，对此，思想政治教育具有特别重要的功能。用科学的理论塑造人的灵魂，是一项崇高而神圣的事业。其次要下功夫认真学习、钻研习近平新时代中国特色社会主义思想，真正把握其精髓和要义，这样才能向学生准确地阐释这一思想。“以其昏昏”不可能“使人昭昭”。再次要善于深入研究问题。对于日常思想政治教育而言，要着重研究如何结合学生在日常生活中的所思所虑有针对性地开展教育；对于思想政治理论课教育教学而言，要着重研究如何结合课程内容和教学体系深入阐释习近平新时代中国特色社会主义思想的重要理论观点和战略思想，研究如何适度调整教材和教学体系。无论采用上述哪一种教育形式，都涉及教育理念、教育方法、技术手段等一系列问题，需要通过深入研究不断探索改进创新，努力使习近平新时代中国特色社会主义思想进学生头脑，取得理想的教育效果。

作者简介：

黄伟力，上海交通大学马克思主义学院教授。

“双一流”：问题与超越

2015年8月，中共中央全面深化改革领导小组审议通过《统筹推进世界一流大学和一流学科建设总体方案》；11月，国务院印发了通知（国发〔2015〕64号）。2017年1月，教育部、财政部和国家发展改革委三部委联合印发了《统筹推进世界一流大学和一流学科建设实施办法（暂行）》；9月21日，备受瞩目的“双一流”（一流大学和一流学科）建设名单在千呼万唤中终于问世，共有42所学校位列一流大学建设高校名单（其中A类36所，B类6所），95所学校进入一流学科建设高校行列，共计137所高校。“双一流”建设成为教育领域热议话题之一。

面对“双一流”名单，有人欢喜有人忧愁。入选的学校，一方面如数家珍地宣传自己在双一流榜单上的成绩，另一方面也在紧锣密鼓地制定建设方案和施工图。落选的学校，有的在反思，有的在卯足劲争取下一轮入选，同时，还要面临“如何看待XX高校落选双一流”诸如此类评论的压力。“双一流”受到社会各方面高度关注并不奇怪，教育现象从来就不缺少关注。对教育问题的分析，或许比对教育现象的关注更有价值。比如，中国建成“双一流”还需要多久？已经有“211工程”“985工程”了，为什么还要搞个“双一流”出来？两者是什么关系？为什么有的高校入选，有的高校落选，“双一流”是怎么选出来的？“双一流”建设应该怎样推进？

一、大陆高校建成世界一流大学还需要多久？

党中央作出加快“双一流”建设的战略决策，就是要提高我国高等教育发展水平，增强国家核心竞争力。2014年5月4日习近平总书记指出“办好中国的世界一流大学，必须有中国特色”。2015年8月18日，他亲自主持召开的中央全面深化改革领导小组第十五次会议审议通过《统筹推进世界一流大学和一流学科建设总体方案》，强调加快推动一批高水平大学和学科进入世界一流行列或前列。

大陆高校建成世界一流大学还需多久？《统筹推进世界一流大学和一流学科建设总体方案》做出了三步走的战略部署：第一步：到2020年，若干所大学和一批学科进入世界一流行列，若干学科进入世界一流学科前列；第二步：到2030年，更多的大学和学科进入世界一流行列，若干所大学进入世界一流前列，一批学科进入世界一流学科前列，高等教育整体实力显著提升；第三步：到21世纪中叶，一流大学和一流学科的数量和实力进入世界前列，基本建成高等教育强国。2017年底，北京大学、清华大学、浙江大学、上海交通大学、复旦大学等公布了各自的双一流建设方案，跟全国总体的三步走的发展目标相一致，且时间点和任务表清晰明确：2020年进入一流大学行列（进入四大排名体系前100名）、2030年进入一流大学前列（进入四大排名体系前50名）、2050年前后成为世界顶尖大学（进入四大排名体系前30名）。一般地，大家认为THE、US News、QS和ARWU是国际上权威的四大排名体系。目前，北大、清华在以上四个排名体系中已经稳居100强，浙大、交大、复旦将在2020年全面进入100强。换言之，以上五校甚至更多高校在2020年进入世界一流大学行列不是件难事，但是在2030年进入世界前列和2050年进入世界顶尖，还需要付出更加艰巨的努力，绝不是敲锣打鼓轻轻松松就能实现的。

二、“双一流”建设与“211工程”“985工程”是什么关系？[1]

“985”“211”，相信很多人都耳熟能详，是大学身份的象征，也是选择大学的重要考量。“211工程”，即面向21世纪、重点建设100所左右的高等学校和一批重点学科的建设工程，于1995年11月经国务院批准后正式启动，全国“211工程”建设院校共有112所。1998年5月4日，时任国

1 http：//www.infzm.com/content/129234，“双一流”名单公布，比“985”、“211”多了什么？

家主席江泽民向全社会宣告："为了实现现代化，我国要有若干所具有世界先进水平的一流大学。"1999年，国务院批转教育部《面向21世纪教育振兴行动计划》，"985工程"正式启动建设，全国"985工程"建设院校共有39所。

如果用两个词来形容"双一流"建设与"211工程""985工程"的关系，首先想到的是"继承"和"超越"。2015年、2016年有段时间，"985""211"将被取消的说法在网上盛传，特别是在《关于补充高等教育"211工程"三期建设规划的通知》《关于继续实施"985工程"建设项目的意见》等文件被废除之后。细细想想，不难发现，"取消"一说，既不准确，也不切实际。试想，已经是"985""211"的高校，你给他把帽子摘了，这些高校有谁会乐意？这些高校的毕业生谁会乐意？而且，依据在哪里呢？因此，2016年6月教育部对此问题的回应也没有说"取消"，而是说"985工程"和"211工程"将统一纳入世界一流大学和一流学科建设。从这个表述，可以看出后者与前者的"继承"关系。他们确实有许多相通的地方，比如都是国家自上而下地推动高等教育改革的方法，都是采用选取一批高校重点建设的模式，都是瞄准世界一流大学的目标。从"双一流"建设的名单看，所有的"985工程"和"211工程"大学都位列其中。

那么人们就会问，既然思路和名单都有那么多相似的地方，双一流建设是不是"985工程""211工程"的翻版呢？如果是，"双一流"建设何必旧瓶装新水呢？如果不是，那"985工程""211工程"是不是失败了？如果是成功的，为什么不继续？如果是失败的，为什么会失败？笔者认为，“双一流”建设与“985工程”“211工程”，是在创建世界一流大学接力长跑中的接棒者和传棒者。毫无疑问，“985工程”“211工程”做出了重大贡献；同样不可否认，“985工程”“211工程”存在需要超越和改进的地方。国务院印发的《统筹推进世界一流大学和一流学科建设总体方案》对此做了肯定：多年来，通过实施“211工程”“985工程”以及“优势学科创新平台”和“特色重点学科项目”等重点建设，一批重点高校和重点学科建设取得重大进展，带动了我国高等教育整体水平的提升，为经济社会持续健康发展作出了重要贡献。同时，也指出其存在的不足：存在身份固化、竞争缺失、重复交叉等问题。有鉴于此，2017年3月，教育部领导在全国两会上一再强调，“双一流”建设不是“211工程”“985工程”的翻版，也不是升级版，它是一个全新的计划。

“双一流”建设是继“211工程”“985工程”之后的又一重大国家战略。双一流建设对“985工程”“211工程”的超越至少体现在三个方面：一是打破身份固化、强化竞争。“985工程”“211工程”饱受诟病原因之一，是其身份固化。打个不恰当的比方，就像微信朋友圈，是一个封闭的贵族群，进来的不愿意出去，外面想加也加不进来。只要进了群，就似乎一劳永逸，即使葛优躺也不会被踢出去。群主要不停地打赏，一个都不能少；当初拉人进群是做好人，如果要把人踢出去不仅非常尴尬而且是要做大恶人。这样一来，群里的人没有压力，群外的人没有动力。

“985工程”“211工程”是靠身份获取资源支持，“双一流”建设是以贡献获得资源支持，强化竞争，突出“以绩效为杠杆”。二是更加强调效率，直奔一流学科建设。“985工程”“211工程”存在重复建设，马太效应问题，容易造成赢者通吃。资源划拨高校之后，高校在集中开展学科建设方面力度还不够。“双一流”建设则突出“以学科为基础”。三是，在遴选方法上，更加注重国际指标与国际接轨。如前文所提到的THE、US News、QS和ARWU国际四大排名体系对“双一流”评选产生了重要影响。

三、“双一流”建设高校及建设学科是怎么选出来的？

1. 42所一流大学建设高校是原39所“985工程”高校的扩容版

一流大学建设高校遴选的标准体现了“985工程”政策的延续性，辅以THE、US News、QS和ARWU等几个世界主流高校排行榜的中国高校排名为标准，兼顾对特殊地区和行业的战略布局，原39所“985工程”高校全部入选。根据教育部官方公布的榜单分析来看，北大、清华、浙大、交大、复旦等36所原“985工程”高校进入A类，东北大学、湖南大学、西北农林科技大学等3所原“985工程”高校进入B类，郑州大学、云南大学、新疆大学等3所原“211工程”高校进入B类。将42所一流大学建设高校分成A、B两档，反映了教育部的良苦用心，目的在于推进动态调整，把“985”建设落后的高校拉进这个名单进行警醒，甚至可能最终使其退出一流大学名单，并允许一流大学名单外的大学可以通过自身努力进入一流大学名单，打破终身固化的身份标签。从THE、US News、QS和ARWU四大排名来看，东北大学、湖南大学、西北农林科技大学等3所高校相比其他“985工程”高校而言不尽如人意。郑州大学、云南大学、新疆大学之所以入选，有很大的战略考虑或者说是“照顾”因素。新疆大学、郑州大学是仅有的2个没有认定一流学科但是入选一流大学建设的高校。

2. 国内和国际标准相结合确定95所一流学科建设高校

从入选的95所一流学科建设高校分析来看，2012年的教育部学科评估结果和QS学科排名、ESI排名、“211”大学是重要标准。比如说矿业工程这一学科有6所高校入选，中国矿业大学、中南大学和北京科技大学入选，他们在2012年学科评估中排名前三，南京大学、武汉大学连前10名都没有进但是也入选了，可能跟他们在QS排名中进入前50位的成绩有关。对于所有学科都不满足学科排名标准进入认定行列的原“211工程”高校，为了政策的延续性，教育部特别允许他们自选1个学科（群）作为自定学科，评议组给予推荐指引，所以产生了所谓“自定”学科，从而进入一流学科建设高校行列。外交学院、中国人民公安大学、中国音乐学院等体现中国特色和行业特点的高校，准予自定一个学科入选。

3. 为什么大众印象中有的名校牛专业没有入选一流学科

此次双一流建设名单高校中，大众对有些地方比较疑惑，有的专业很牛啊，为什么没有入选？比如复旦大学的新闻传播学，与中国人民大学、中国传媒大学并称三驾马车，怎么没有入选一流学科呢？从榜单分析看，原因可能是此次入选只有2个名额，而在2012年学科排名中，复旦屈居两校之后，排名第三，2016年的学科评估中两校为A+，复旦为A。西南政法号称法学界的黄埔军校，华东政法号称法学界的东方明珠，但是都没有入选，从榜单分析看，原因可能是此次入选只有4个名额，而2012年学科评估中这两校都屈居人大、中国政法、北大、武大之后。

综上所述，一流大学建设高校和一流学科建设高校的评选还是有客观标准和章法的，既有中国特色又有世界标准，既有政策延续又有创新突破，不是有些人所想的"砖家"胡评瞎评出来的，更没有什么所谓的"内幕"和运作。尽管结果还不是那么尽善尽美。

四、"双一流"建设应该怎样推进？

在推进"双一流"建设的今天，我们需要思考的问题已经不是意义、内涵和外部环境等问题了，而是怎样才能建成世界一流大学，怎样避免双一流建设中的失误。"双一流"建设不能总是在路上，而必须要抓紧时间和机遇早日建成。

1．"双一流"建设既要面子又要里子

"双一流"建设既要面子又要里子，面子是指标，里子是内涵。要密切关注国际排名，更要扎实开展内涵建设。要深度追踪分析THE、US News、QS、ARWU以及ESI排名变化，深刻把握实力与口碑、排名与贡献、硬指标与软指

标、标准测量和价值取向的辩证关系。

2. “双一流”建设既要突出学科重点又要整体协同推进

遵循教育规律，以一流学科建设带动学校整体发展。坚持“有所为，有所不为”，集中有限资源，优化对优势学科、特色学科和需求学科等不同层次学科的投入力度；通过优化学科布局，不断满足和适应国家经济建设和社会发展对高等教育的新需求；尊重学科特点和学科建设规律，营造良好的学科生态，凝练学科方向，突出建设重点；推进多学科交叉融合，打破院系和学科壁垒，有效整合内外部资源，以一流学科建设带动学校整体水平的提升。

3. “双一流”建设既要优化顶层设计又要完善第三方评估

进一步完善建设项目绩效评价方式，通过专家评价与第三方机构评价相结合、中国特色和国际标准相结合、定量和定性评价相结合，对项目建设的关键指标任务完成情况、标志性成果和项目建设内涵予以综合评价。进一步完善学术评价机制，建立以创新质量和社会贡献为导向的科研考核评估体系，更加注重研究成果的原创水平、学术品味、同行认可度和业界影响力，引导科学研究从重视数量走向重视质量和贡献。

4. “双一流”建设既要面向世界又要扎根中国

坚持和加强党对高校的领导，坚持社会主义办学方向，扎根中国大地办大学，充分发挥好集中力量办大事的体制机制优势，以立德树人为根本，以理想信念教育为核心，以社会主义核心价值观为引领，着力培养社会主义的合格建设者和可靠接班人；坚持一流大学建设的道路自信，瞄准世界一流，立足中国国情、服务中国需求、凝聚中国智慧，解决中国问题，形成一批进入世界前列或行列的一流学科，培养一批得到国际广泛认可的拔尖创新人才，产出若干对世界科技发展和人类文明进步有重要影响的原创成果，探索出一条中国发展需求与世界教育规律深度融合的独特发展道路。

作者简介：

肖国芳，上海交通大学改革与发展研究室副主任，博士、副教授。

翻转课堂如何“翻转”

2017年教育部下发的《2017年教育信息化工作要点》部署了国家级精品在线开放课程的认定工作，2017年底教育部将认定国家首批精品在线课程（慕课）。2012年以来，国内清华大学、北京大学、上海交通大学等高校率先开展了大规模在线课程的建设与应用，五年过去了，大规模在线课程应用情况如何？在线课程是否与传统课堂进行了融合？高校课堂发什么了什么变化？作为普通高校的老师应该如何应对互联网+带来的变革？

一、互联网环境下课程形态发生了什么变化？

有人说，今天的我们如果还提互联网+，恐已过时，互联网已实实在在地融入我们生活的方方面面，互联网已经是一种生活方式。互联网融入教育教学的现实有目共睹。

2002年，麻省理工学院启动了开放式课程项目（open

course ware，OCW)，其将学校本科生和研究生的2 000门课程资源制作成电子课件，在校园网展示，并向社会公众开放。2011年，美国斯坦福大学的3门网络课程引来了世界各地数十万学生，个别课程报名选课人数达16万。2012年，多个由专门的网络平台供应商推出的网络课程平台相继涌现，如美国的Coursera、Udacity、EDX、澳大利亚的open2study、英国的future learn等，世界多个知名高校参与其中，数以百万计的学生共同参与到网络课程平台的学习。2013年起，国内在线课程平台相继涌现，“爱课程”“学堂在线”“好大学在线”“中国远程教育”“沪江网”“微课网”“淘课网”等等。

那么从2008年加拿大两学者提出慕课（massive open online courses，MOOC)，到2012年美国《纽约时报》定义“慕课元年”，到现在我们随手可上的各种课程平台，“大规模开放式在线课程”究竟是一种什么样的课程，与传统的课程相比有哪些不同?

1．课程资源的开放性与丰富性

互联网技术和新媒体技术打开了课程资源的辐射范围，丰富了课程资源的展示形态。互联网课程平台的课程资源，其开放程度取决于平台的开放程度，原则上可向校园外社会各界无限延伸。任何人，能链接网络就能链接课程，就能获得课程资源。同时，在课程平台上放什么课程资源、以什么形式展示课程资源取决于课程教师。就课程内容讲授视频的表现形式可以有教师讲解、教学互动、动漫画等多种形式，课程资源还可以包括课程ppt、电子教材、作业

和测试试卷等等。

2. 资源享用的规模化与无限性

课程享用对象不再受制于校园围墙。网络上的课程资源，一般对资源享用对象没有限制，稀缺的、优质的、切合时代热点或焦点的、能引起社会公众普遍共鸣的课程资源有可能吸引不可估量的学习者，社会各层各界人员，全球各种文化背景的种族成员，只要对课程有兴趣，想学习，都可以或无偿或有偿地参与学习。

3. 教学供给与需求、时间与空间的分离性

对学习者来说，网络课程平台把享用课程资源的主动权交给了资源享用者，使学习者可以根据兴趣和需要选择课程及课程资源，根据生活习惯和学习习惯选择学习时间和学习空间。对教师来说，教学环节分为两阶段，一是课程开设前的资源制作阶段，该阶段教与学完全没有交集；二是课程开设后的运行阶段，该阶段教师可以通过网络平台引导学习，也可以线下开展各种形式的教学，课堂可以不是讲授知识场所。

综上，互联网的发展，使丰富的课程资源面向更广泛的社会群体，这些资源通过课程平台快速传播，获取便捷，极大地提升了学习者参与学习的自主性和自由度。

二、传统的课程教学面临哪些挑战？

网络课程平台集聚的丰富课程资源和灵活的在线教学方式，吸引了校园内广大师生的眼球，在线课程与校园课程体系与课程教学实践融合的趋势已经显现，以至于有观点认为传统的讲授式课堂将被颠覆。那么，在线课程究竟对传统的课程教学带来了哪些冲击？本文认为主要体现在以下两个方面。

1. 教师必要性

在线课程的在线学习方式，凸显了学生学习过程中的自主性，隐没了课程教师面对面传授的教学场景，弱化了教师的直接指导作用。随着在线课程建设成果逐步扩大，学生可选课程种类和范围将同步扩大。表面来看，学习者只要主观有意愿，可上网，能选到合适的课程，就能开展学习，无关乎教师有没有或者在不在。已经出现的个别优质在线课程广受追捧的现实，使人们产生了对同类课程教师必要性的质疑。如今，人工智能蓬勃发展，大批教师失业可能性不能说没有。

2. 课堂必要性

在线课程借助课程平台实施课程教学，学生通过计算机或手机屏幕开展与课程内容的信息交流，学习场景不再受限。以行为主义主导的在线课程在运行中，将传统课堂的讲授环节以视频方式呈现，在线观看课程视频成为学生参与课程学习的主要行为标志，并作为学习评价的基本依据。实践表明，这种不同时空中的教学异步可完全替代传统课堂同一时空中的教学同步，由此带来了对课堂教学必要性质疑。但是，对于类似于工程化、产品化的课堂教学模式的诟病较多，同一屋檐下开展差异化、个性化教学是每个教育工作者不得不面对的难题。

近年来，在线课程的教学实践告诉我们，完全脱离师

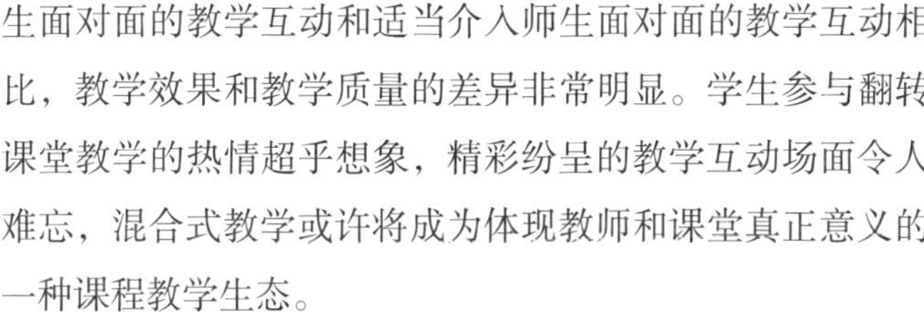

生面对面的教学互动和适当介入师生面对面的教学互动相比，教学效果和教学质量的差异非常明显。学生参与翻转课堂教学的热情超乎想象，精彩纷呈的教学互动场面令人难忘，混合式教学或许将成为体现教师和课堂真正意义的一种课程教学生态。

三、什么是翻转课堂教学和混合式教学？

1．翻转课堂与翻转课堂教学

翻转课堂译自“flipped classroom”或“inverted classroom”，源于2007年美国科罗拉多州落基山林地公园高中的两位化学教师。这是一种将“课堂上听教师讲解，课后回家做作业”的传统教学习惯和教学模式转变为“课前在家里观看教师的视频讲解，课堂上在教师指导下做作业或做实验”的教学模式。2012年随着大规模在线课程爆发式的发展，基于慕课的翻转课堂教学模式的构建在探索中日渐明晰，主要可有以下几种。

一是慕课资源与翻转课堂耦合模式：慕课不仅在线提供传统课程材料如视频、阅读和问题等，同时搭建了网络互动社区。优质的“名校+名师+名课”资源为翻转课堂学生课前学习与课内训练所必需，课程平台的在线互动交流与线下翻转课堂的交流研讨被视为具有同等的生成性和建构性，这样的教学既拓展知识领域，又提升学生探索性学习能力。

二是基于MOOC资源的翻转课堂教学设计模式：这里可包括慕课视频替代模式、慕课视频+自制视频模式和二次开发模式。其中尤以慕课视频替代模式较为普遍。该模式分课前和课内两阶段。课前阶段，学生在任课老师的引导下，以在线观看课程视频代替任课老师自己制作的视频、在线完成课程训练题代替任课老师自己设计的训练题的方式参与课程学习。课内阶段，任课教师根据课程的教学要求和学生开展在线学习的状况，针对性地设计系列教学互动环节，促使学生实现知识内化。实践中课内的互动形式丰富多彩：个性化指导、问题答疑或研讨、项目设计交流、协作训练、社会调研、开展学习评价等等。

由此可见，翻转课堂和翻转课堂教学凸出的是互联网环境下教学场景发生的改变，如果将互联网环境下转变了的课程教学仍视为一个整体，则混合式教学的提法似更贴切。

2. 混合式教学

混合式教学（blending learning）的提出早于翻转课堂教学。它源于1996年美国《培训杂志》的E-Learning论文，以美国培训与发展协会2001年报告为标志，线上线下相结合的混合式学习逐步为教育工作者所关注。在国内，混合式学习的概念出自2003年我国学者祝智庭关于《远程教育中的混合学习》一文。近20年来，随着互联网技术的飞速发展，在线课程平台和慕课潮流风起云涌，混合式学习、混合式教学的内涵日渐丰富，研究对象、研究方法及工具不断演进，混合式教学渐渐融入学校教育教学主流中，但研究探索的空间还很大。

混合式教学简单来说，就是将传统的课程教学与互联网环境下在线课程教学相结合，实现优势互补，提升教学效果。

混合式教学混合的是课程教学的所有要素，包括课程资源、教学团体、教学方法与手段、教学场景、评价系统等。课程是否开展混合式教学，取决于任课教师。不同教师秉持的教学理念使混合式教学的教学设计、方法与手段、实施路径各不相同。成熟的面向全体学生的掌握学习理论、以问题为中心的首要教学原理、关注高阶思维养成的深度学习理论、促进记忆保留的主动学习理论等教学理论都会在混合式教学实践中得到体现；以往活动导向的多种教学模式，如讲座式教学、案例式教学、研究型教学、基于问题的教学等等，都有可能在同一门课程的教学实践中得以实施。

开展混合式教学的关键在于教师。教师开展混合式教学，首先要进行混合式教学设计。目前关于混合式教学设计的研究，尚处在探索阶段，李逢庆提出的ADDIE教学设计模型，将系统化的教学设计分为分析、设计、开发、实施和评价等五个步骤，较有参考意义。英属哥伦比亚大学IWS提出的BOPPPS教学模式，将课堂教学分为前导、明确学习目标、前测、学生参与学习、后测等五个步骤，亦具有借鉴意义。

由上可见，翻转课堂教学和混合式教学的共同点是：在课程教学中充分利用对应课程的在线资源，教师在引导学生开展在线学习的同时，开展多种形式的线下教学互动，传统课堂讲授式教学模式被打碎，构建的是崭新教学互动场景和教学生态。

四、教育部有什么部署?

教育部历来对教育教学的信息化发展给予高度重视。

早在2005年即启动了以精品课程为标志的质量工程项目建设，随后又启动了优质资源共享课建设，高校一大批优质特色课程参与到课程信息建设与改革的热潮中。

2015年4月，教育部专门发布《教育部关于加强高等学校在线开放课程建设应用与管理的意见》(教高［2015］3号）文件。文件明确高等学校在线开放课程建设应用的指导思想是：以邓小平理论、“三个代表”重要思想、科学发展观为指导，深入贯彻习近平总书记系列重要讲话精神，坚持培育和践行社会主义核心价值观；文件倡导信息技术与教育教学深度融合，促进优质教育资源应用与共享，全面提高教育教学质量；提出立足自主建设、注重应用共享、加强规范管理的三项建设原则和七大重点建设任务，并给出建设过程中的组织管理指导意见。文件还提到教育部将组织开展“国家精品在线开放课程”认定的工作。

此后，教育部将在线开放课程建设视为常态性教育教学工作内容的重要组成部分。在2017年度工作要点中，教育部再次要求以教育信息化扩大优质教育资源覆盖面，全面实施《教育信息化“十三五”规划》。工作内容是：完善“三通两平台”建设与应用，基本实现各级各类学校互联网全覆盖。深入开展“一师一优课、一课一名师”活动。开展系统性精品在线开放课程公共课、核心课程群建设，认定一批国家级精品在线开放课程，继续做好职业教育专业教学资源库建设。推动数字教育资源公共服务体系建设与应用。开展信息技术与教育教学深度融合示范培育的推广计划。完成全国1 000万中小学教师信息技术应用能力培训任务。提升教育行业网络安全防护水平。

五、我们如何应对?

当今社会，互联网技术、信息技术和新媒体技术的飞速发展不以人的意志为转移，大数据、云计算、人工智能走进日常生活的步伐同样不可阻挡。技术促使教育教学正在发生的变化既令人欣喜，亦令人敬畏。课程教学方法与手段的改革会如何演绎？我们如何面对？是积极主动参与其中？还是消极被动随波逐流？也许未来发生的结局会很残酷，被淘汰的可能不只是落后的教学理念，还有不适合未来的教学体系，唯有积极参与到课程教学改革的实践才是明智之举。本文从教师、教学管理人员和学校领导三个层面给出应对策略建议。

1. 教师要主动参与

对高校教师来说，理应具有走在时代前列的勇气和引领未来的担当。高校教师应主动认识慕课、翻转课堂和混合式教学，学习并运用现代教育教学理论和信息技术，转变教学理念，探索创新教学方法与手段，研究教学规律，提升教学能力，实乃势在必行。唯如此，才不致被时代所抛弃。让我们与学生一起学中做，做中学，用智慧呈现一个更精彩的翻转课堂，更独特的混合式教学。

2. 教学管理人员要引导参与

对教学管理人员来说，应有呵护培育新生事物的姿态，为慕课、翻转课堂和混合式教学实施营造有利环境。教学管理人员既需要学习认识慕课、翻转课堂和混合式教学的教学形态和教学特点；还需要改变教学管理既有的陈规旧习，为新型教学方法和手段的实施提供便利；更可以组织开展关于慕课、翻转课堂和混合式教学的系列讲座、研讨会、工作坊等，为教育工作者转变教学理念、提升教学能力提供服务。让我们与师生一起学中做，做中学，建构更具活力的、更能催生智慧教学开展的组织管理体系。

3. 学校领导要鼓励参与

对学校领导来说，关于未来教学的前瞻性视野和全局性战略决策影响的是一方院墙内人才培养和课程教学的整体面貌，政策举措、人财物三力的均衡，既是一所学校对当今教育教学发展认识的具体体现，更是一种促使教育教学改革走向深入的推动力，对广大教职员工的行为走向起着举足轻重的作用。让我们一起期待一场围绕慕课、翻转课堂和混合式教学而展开的教育教学方法与手段的根本性变革，让互联网融入教育教学的方方面面。

4. 学生要科学参与

对学生学习来说，从传统的授课式学习模式转换到翻转课堂的学习模式，更适应了今天的学习特点：自主式、移动式、碎片化。学习的时间和内容可以自主安排，学习的进度可以在一定的时间范围内（一般是一周）自行调整，学习的节奏可以自己把控。这种转变更利于学生主动式学习和参与式学习。学生应主动接受这种学习模式，将课堂学习与在线学习相结合，表面学习与深度学习相结合。在线课程也不仅限于课堂教学的课程，还有更多专业领域的课程。学生在实现了课堂学习与在线学习相结合的小翻转外，还可以将学校课堂学习与行业（职业）在线课程学习相结合进行大翻转。

作者简介：

余建波，上海交通大学慕课推进办公室副主任。

“课程思政”从何而来?

为中国特色社会主义事业培养合格的建设者和接班人，是我国高等教育的使命。习近平总书记在全国高校思想政治工作会议上强调，要坚持把立德树人作为中心环节，把思想政治工作贯穿教育教学全过程，实现全程育人、全方位育人。“课程思政”作为对全国高校思想政治工作会议精神的落实与回应，迅速在国内高校中掀起热潮。但问题是，当前高校面向大学生的价值引导对思想政治理论课的依赖程度非常高，其他学科专业的育人价值未能充分挖掘，多学科育人优势、全课程、全方位育人模式尚未形成。要科学推进“课程思政”建设，需要加强进一步的系统性思考。

一、挖掘专业课程的思政育人功能是立德树人的根本要求

高校学科专业课程的设计主要是为了传授知识、探究

学问，而思想政治教育及工作的实施主要是为了增强信念、提升德性，两者从定位上看有一定的差异性，但在育人的目标上却又是一致的。在专业课程中融入思想政治教育的内容，能增强德性的知识属性，成为“有血有肉”的教育内容；在思想政治教育中服务专业课程建设，能增加专业课程的吸引力，成为“有魂有神”的教育主题。由此可知，专业课程思想政治教育内容的融入有一定的内在逻辑。具体来说：

（一）专业课程融入思想政治教育内容符合教育的内在规律

一般说来，知识技能的传授，都是同思想品德教育联系在一起的。中国的传统道德教育就比较早地关注到学科知识教育与个人道德品行培养的关系，《礼记·中庸》中提到，“君子尊德性而道学问，致广大而尽精微，极高明而道中庸”。西方多位教育家也从多方面阐述了教学与德育的关系，比如：赫尔巴特曾说，“教学如果没有进行道德教育，就成为一种没有目的的手段，道德教育如果没有教学，就是一种失去了手段的目的”[1]。杜威也讲过，“道德的目的是各科教学的共同的和首要的目的”，“知道如何把表现道德价值的社会标准加到学校所用的教材上，这是十分重要的”[2]。将专业课程教学与思想政治教育内容结合起来，是教育本身的发展要求。

1　赫尔巴特.普通教育学·教育学讲授纲要［M］.李其龙，译.北京：人民教育出版社，1989：221.

2　杜威.道德教育原理［M］.王承绪，译.杭州：浙江教育出版社，2003：183.

（二）专业课程融入思想政治教育内容是教师职责的内在要求

对于“教师”的定位，韩愈在《师说》一文提出，“古人学者必有师，师者，所以传道受业解惑也。”教师，不仅要授业，还要善于解惑传道。其中的传道和解惑，与道德教育有着密切的相关性。《中华人民共和国教师法》（1994年）第三条指出，“教师是履行教育教学职责的专业人员，承担教书育人、培养社会主义事业建设者和接班人、提高民族素质的使命。”教师要培养合格的社会主义事业建设者和接班人，除了传授知识外，更重要的是“教书育人”，注重素质教育。

（三）专业课程融入思想政治教育内容是提升思想政治工作效果的长效保障

进入新世纪以来，将思想政治教育融入各学科教学的呼声将日益强烈。2004年，中共中央、国务院《关于进一步加强和改进大学生思想政治教育的意见》提出，“加强和改进大学生思想政治教育，必须坚持教书和育人相结合、坚持知行同一，把传授知识与思想政治教育结合起来；要深入发掘各类课程的思想政治教育资源，在传授专业知识过程中加强思想政治教育，使学生在学习科学文化知识过程中，自觉加强思想道德修养、提高政治觉悟。”《国家中长期教育改革和发展规划纲要（2010—2020年）》确立了“育人为本”的教育工作方针和“德育为先”的战略主题，指出要把德育渗透到教学的各个环节，增强德育工作的针对性和实效性。2016年

12月7日，习近平总书记在全国高校思想政治工作会议上强调，“要用好课堂教学这个主渠道，思想政治理论课要坚持在改进中加强，提升思想政治教育亲和力和针对性，满足学生成长发展需求和期待，其他各门课都要守好一段渠、种好责任田，使各类课程与思想政治理论课同向同行，形成协同效应”。这就要求我们在加强高校思想政治教育工作中，不能就“思政课”谈“思政课”建设，而要抓住课程改革核心环节，充分发挥课堂教学在育人中的主渠道、主阵地地位，着力将思想政治教育贯穿于学校教育教学的全过程，着力将教书育人内涵落实于课堂教学的主渠道之中。

二、“课程思政”理念的形成与发展轨迹

加强高校思想政治教育工作，必须从高等教育“育人”本质要求出发，抓住课程改革核心环节，充分发挥课堂教学在育人中主渠道作用，深入发掘各类课程的思想政治理论教育资源，发挥所有课程育人功能，落实所有教师育人职责。将思想政治教育与课程教育教学过程相结合的做法，经历了一个较为漫长的发展过程。

（一）从“政治与思想教育”到“思想政治工作”

重视思想政治教育工作，不仅是我党、我军的优良传统，也是我国教育工作的重要法宝。新中国成立初期，受战争时代的影响，对高校思想政治教育工作的一般称谓都是“政治与思想教育”。1949年12月30日在第一次全国教育工作会议上，钱俊瑞同志就明确指出，“新区学校安顿后

的主要工作，是进行政治与思想教育”[1]，“其主要目的乃是逐步地建立革命的人生观”。1950年教育部要求各高校根据具体情况成立“政治课教学委员会”（或教学研究指导组），统筹开展革命政治理论学习。1955年教育部副部长刘子载在关于高等学校的政治思想教育工作问题上指出，“向学生进行政治思想工作的目的，就是不断提高学生的社会主义觉悟，培养学生的马克思列宁主义世界观和共产主义道德品质。政治理论课程是高等学校进行经常的、系统的政治思想教育最基本的形式”。

到了20世纪60年代，随着国内形势的变化，对思想政治工作的称谓逐渐过渡到了“思想政治工作”。1964年10月11日下发的《中央宣传部、高教部党组、教育部临时党组关于改进高等学校、中等学校政治理论课的意见》（中发［64］650号）指出，“高等学校、中等学校政治理论课的根本任务，是用马克思列宁主义、毛泽东思想武装青年，向他们进行无产阶级的阶级教育，培养坚强的革命接班人；是配合学校中各项思想政治工作，反对修正主义，同资产阶级争夺青年一代。政治理论课教师应当在自己的教学活动中，积极配合学校党、团组织对学生进行的思想政治工作。”“思想政治工作”的说法，一直沿用到改革开放初期。

（二）从“思想政治工作”到“德育”、“学科德育”

改革开放后，邓小平同志多次呼吁要关心青少年思想

1　教育部社会科学司.普通高校思想政治理论课文献选编（1949—2008）［M］.北京：人民大学出版社，2008：4.

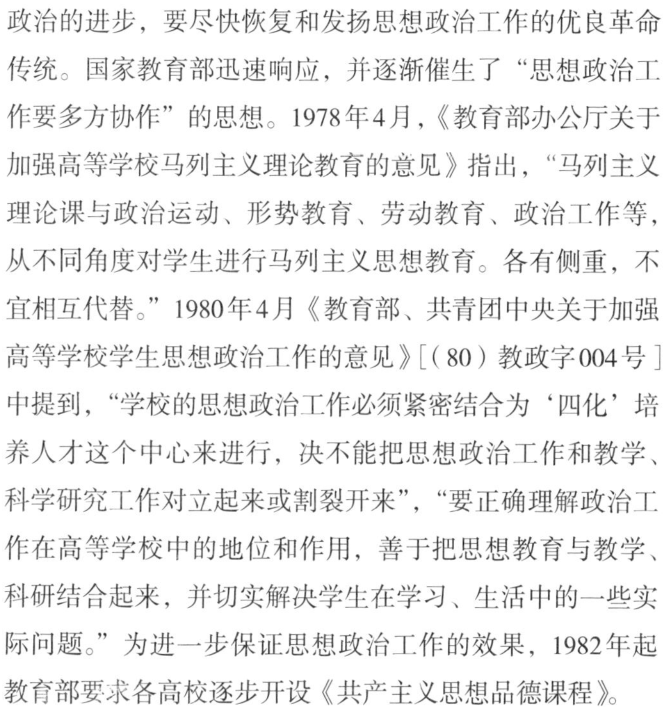

政治的进步，要尽快恢复和发扬思想政治工作的优良革命传统。国家教育部迅速响应，并逐渐催生了“思想政治工作要多方协作”的思想。1978年4月，《教育部办公厅关于加强高等学校马列主义理论教育的意见》指出，“马列主义理论课与政治运动、形势教育、劳动教育、政治工作等，从不同角度对学生进行马列主义思想教育。各有侧重，不宜相互代替。”1980年4月《教育部、共青团中央关于加强高等学校学生思想政治工作的意见》[（80）教政字004号]中提到，“学校的思想政治工作必须紧密结合为‘四化’培养人才这个中心来进行，决不能把思想政治工作和教学、科学研究工作对立起来或割裂开来”，“要正确理解政治工作在高等学校中的地位和作用，善于把思想教育与教学、科研结合起来，并切实解决学生在学习、生活中的一些实际问题。”为进一步保证思想政治工作的效果，1982年起教育部要求各高校逐步开设《共产主义思想品德课程》。

随着思想政治工作的开展，各高校越来越觉得日常思想政治工作要与马列主义理论课、业务教学工作紧密结合起来，进而形成了“学科德育”的思想。1984年中央宣传部、教育部印发《关于加强和改进高等院校马列主义理论教育的若干规定》（中宣发文［1984］36号），强调“马列主义理论课和学校的日常思想政治工作是相辅相成、缺一不可的有机整体”。1987年出台的《中共中央关于改进和加强高等学校思想政治工作的决定》（中发［1987］18号）更是明确指出，“把思想政治教育与业务教学工作结合起来。要按照各个学科的特点，引导学生正确认识在校学习与今后工作之间的关系，解决好为谁服务的问题……哲学社会科学和文学艺术课程，应坚持以马克思主义为指导，努力联系我国改革和建设的实践，把思想政治教育贯穿到教学环节中去。自然科学课程的教学要注意讲述本专业在我国社会主义建设中的成就和当前要解决的重大课题……”

1994年8月出台的《中共中央关于进一步加强和改进学校德育工作的若干意见》（中发［1994］9号）中正式提出“学校德育”和“学科德育”的概念，明确“加强马克思主义理论教育是加强和改进学校德育工作的首要任务和根本措施，要整体规划学校的德育体系”，“按照不同学科特点，促进各类学科与课程同德育的有机结合……各门课程的建设应体现社会主义的办学方向和全面发展的办学指导思想，教学大纲和教学评估标准要有正确的思想导向”，“要把德育贯穿在教育的全过程，落实在教学、管理、后勤服务的各个环节上。”1995年国家教委颁布《中国普通高等学校德育大纲》中进一步指出，“要发挥各科教学中的德育功能，结合教学相关内容和各个环节，有机地对学生实施德育。”2000年中共中央办公厅颁发的《关于适应新形势进一步加强和改进中小学德育工作的意见》再次重申，“德育要寓于各学科教学之中，贯穿于教育教学的各个环节”。2004年中共中央、国务院下发《关于进一步加强和改进大学生思想政治教育的意见》（中发［2004］16号）对“学科德育”理念做了系统概况，指出“高等学校各门课程都具有育人功能，所有教师都负有育人职责……要把思想政治教育融入大学生专业学习的各个环节，渗透到教

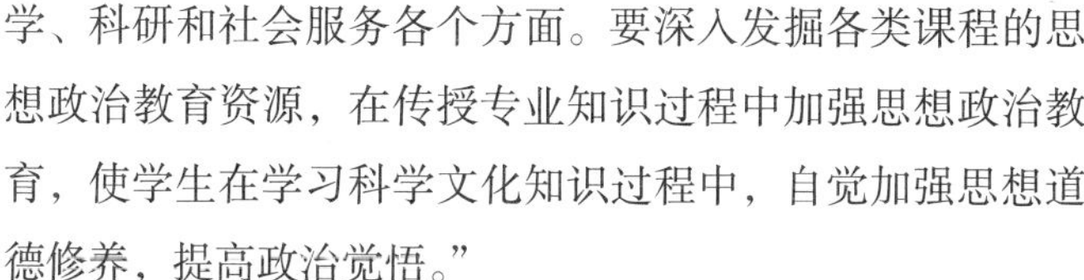

学、科研和社会服务各个方面。要深入发掘各类课程的思想政治教育资源，在传授专业知识过程中加强思想政治教育，使学生在学习科学文化知识过程中，自觉加强思想道德修养，提高政治觉悟。”

（三）从“学科德育”到“课程思政”

学科德育的基本理念，是“要求各个学科的教师都参与到德育工作中，而不是将德育工作视为德育课程或德育教师的专属任务”[1]，在进行学科教学的同时，将在各学科教学内容蕴含的德育因素，通过各种手段、方法，逐渐自然地深入到课堂教学各个环节，即实现学科德育的过程中。“学科德育”的理念提出后，2005年起，上海市启动实施“两纲教育”，推进以“学科德育”为核心理念的课程改革，编制学科德育实施意见，整体构建大中小学德育体系，“把德育的核心内容有机分解到每一门课程，将社会主义核心价值观作为核心内容整体、科学、有序地融合进各学科，挖掘每一门课程的育人功能、增强每一位教师的育人责任”[2]。

通过多年的实践，“学科德育”的工作取得了比较好的效果，在立德树人方面发挥了重要作用。但在实践过程中，上海越来越感觉到“进一步挖掘各门课程育人功能、调动授课教师积极性”的重要性。为此，2016年，上海率先提出“课程思政”的育人理念，围绕“知识传授”与“价值

1　叶飞.学科德育的实践意蕴及其实现途径［J］.课程·教材·教法，2009（08）：49.

2　高德毅，宗爱东.课程思政：有效发挥课堂育人主渠道作用的必然选择［J］.思想理论教育导刊，2017（01）：31.

引导”相结合的课程目标，构建“显性教育”（高校思想政治理论课）与“隐性教育”（综合素养课和专业教育课）相结合的课程内容体系，挖掘专业课程思想政治教育资源与价值。2016年12月7—8日，全国高校思想政治工作会议在京召开，习近平总书记强调指出，“要坚持把立德树人作为中心环节，把思想政治工作贯穿教育教学全过程……思想政治理论课要坚持在改进中加强，提升思想政治教育亲和力和针对性，满足学生成长发展需求和期待，其他各门课都要守好一段渠、种好责任田，使各类课程与思想政治理论课同向同行，形成协同效应”。会后，不少高校都在试行“课程思政”的理念，探索“课程思政”的有效模式。

三、国外高校专业课程融入德育内容的实践借鉴

国外高校中一般都无“思想政治教育工作”的说法，没有统一的思想政治教育教学大纲，没有专门的学科专业，也很少通过考试的方式对学生思想政治情况进行考察，但它在公民教育、道德教育、情感教育、价值观教育、法制教育、宗教教育等名义下从事了大量实质性的思想政治教育工作，主要都称为“道德教育”。

（一）国外高校专业课程融入道德教育内容的情况

（1）美国的大致情况。美国高校德育的快速发展始于20世纪50年代末艾森·豪威尔总统签署的《国防教育法》，这是美国历史上第一次以法律形式把爱国主义等德育教育置于国家安全战略地位。80年代末，各高校相继开设《文明公民概论》《法制课》等，加大“培养学生道德品性”。

1988年民意测验投票中有79%的投票者支持在高校进行道德和道德行为的教育。90年代，美国政府和教育界人士更加注重道德教育的改革和研究。1990年2月，布什总统发布《美国20年教育战略》报告，要求全美“所有学生都要参与提高和显示良好公民意识、社区服务与责任心的活动”。克林顿总统继续加大教育政策的改革，认为“要恢复国际竞争力，必须从培养‘人’开始”[1]，鼓励大学生更好地接触社会，培养协作精神和社会意识。

（2）日本的大致情况。日本1981年成立临时教育审议会，在1988年的教改会中指出：能否培养出在道德情操和创造力方面都足以承担起21世纪重任的日本年轻一代，当务之急是要加强学校的德育教育。2002年日本颁布的《关于新时代教养教育的方针》指出：“新的教养教育的建构，必须拥有应对随着全球化和科学技术的发展而导致的社会激烈变化而需要的综合知识。超越专业划分的共通的知识技术和对作为人的生存方式的深刻洞察，以及正确理解现实社会的涵养，是新时代教养教育制度设计所极力追求的”[2]，要求各高校通过专业教育、各教科教育来灌输教养教育课程的内容和目标。日本高校德育课程设置灵活多样，其中，专业课程与德育教育关系密切，如社会学、政治等；非专业课则明确规定了各门课程应培养学生什么样

1　郭小香.美国隐性教育的实施路径及其启示［J］.湖北社会科学，2010（12）：185-187.

2　裴云.美、日德育和社会课程对我国思想政治课程改革的借鉴意义［J］.内蒙古师范大学学报（教育科学版），2008（12）：80-83.

的思想品质的任务，如数学是培养学生合理逻辑的思维、物理是培养学生追求真理的科学态度、体育是培养学生健康的生活能力及坚强意志力、英语是培养学生国际主义的精神。

（3）英国的大致情况。20世纪80年代，英国教育部颁布了道德教育《大纲》，规定学校必须向学生传授道德价值观。英国全国课程设置委员会主席大卫·柏斯卡说："教育不能与道德相脱离。对学生进行道德教育是学校义不容辞的责任。"[1]2000年，在英国新出台的国家课程目标中规定，国家课程的目标是：促进精神、道德、社会和文化发展，推动个人、社会和健康教育、公民教育，发展技能。但英国高校没有类似于思想政治教育的单独学科，相关课程主要包括品德教育、公民教育、宗教教育、价值观教育、社会教育、爱国教育、道德教育、情感教育等。从教育体制上看，英国采取下放式的、多元化的、分权的教育体制，在价值观教育方面没有统一要求，各个学校可以自主决定本校在价值观教育的方式与课程，政府无权随意干涉。

（4）新加坡的大致情况。新加坡高校思想政治教育内容的实施主要通过课堂教学、课程讨论、讲座、实习、活动等途径和渠道进行，内容十分丰富，主要涵盖伦理道德教育、政治思想教育、法律思想教育、历史文化知识教育、国际交流教育等[2]。新加坡高校主要就是培养学生"我是新

1　林亚芳.当地英国学校德育述评［J］.思想理论教育导刊，2003（09）：68-71.

2　卢艳兰.新加坡高校思想政治教育课程评介［J］.湖北社会科学，2008（1）：178-180.

加坡人”的价值观念，遵循“以人为本”的思路，在课程设置上充分考虑学生的需要，结合青年学生的思想实际，适当增加心理健康教育和美育等内容，加强对学生学习、生活、成才方面的指导，促进学生健康成长。

（二）国外高校专业课程融入道德教育内容的启示

（1）专业课程融入道德教育内容的方式较为柔性。基于文化概念以及教育理念的不同，目前国外高校中基本都没有“思想政治教育”专门概念的学科与专业，但大多又都承担并实施了类似思想政治教育的工作内容。他们采用的方式都以柔性融入为主，比如冠以“公民教育”的理念。美国高校核心价值观教育中以“公民教育”作为其常抓不懈的重要内容，在塑造合格的美国公民方面发挥着重要作用。日本各类学校的德育教育内容不同，但大都注重个人权利、自由、尊严的民主教育，以促进大学生的价值观、人生观的确立。

（2）专业课程融入道德教育内容的载体是教学与实践相结合。比如，美国是把爱国主义教育与国防工作紧密结合，重点是着眼于对大学生将来的生活和为人处事方面的引导；日本的大学不仅在小组讨论课程中加入游学、考察、调查教育的环节，而且还在专门课程中增加实习、实践的环节和过程；韩国的爱国主义教育则是开设国歌课（韩国国歌的名称就是《爱国歌》)，礼仪教育则是与社会责任和义务教育相结合，引导大学生明确角色、树立主人翁意识；新加坡的道德是围绕“我是新加坡人”的观念展开，努力回答学生普遍关注的社会热点、难点、疑点问题。

（3）专业课程融入道德教育内容的模式较为多样。在美国，不同高校在实施德育教育时采取的课程设置不尽相同，比如哈佛的六个领域十大类别课程体系中以“道德思辨”为核心推行价值观教育，麻省理工学院的人文课程则把现实性较强的政治军事史、移民问题、妇女问题纳入教学体系，凸显专业特色；不同的专业实施道德也不同，比如行政管理学院重视行政伦理教育、商学院重视商业伦理教育、医学院重视医学伦理教育等[1]。在英国，道德教育与公民教育的实施，大多与宗教教育结合在一起，个人与社会教育课程也是重要补充。在新加坡，则是通过一系列的专门课程，如《道德哲学》《伦理与社会责任》等展开。每个国家实施教育的方式各有特色，但都是充分结合本国的实际展开，针对性强。

作者简介：

陈华栋，上海交通大学马克思主义教授；苏镠镠，上海交通大学学生工作指导委员会讲师。

1　魏宏聚. 价值教育在课堂——英美两国有关教学中实施价值教育研究的述评［J］. 外国教育研究，2012（3）：99-106.

明天的对手在哪里？

大飞机的翱翔之路

2017年5月5日是一个值得纪念的日子。这一天，中国自主研制的C919大型民用客机首飞成功，举世瞩目。前事不忘，后事之师。中国大飞机的翱翔之路历经坎坷，回顾中国的航空工业梦想与奋斗之路，对于理解今天的中国航空业发展战略，无疑是有启发意义的。

一、发展大飞机具有巨大的潜在经济价值

21世纪之初，在中国政府酝酿大飞机工程的过程中，其实是有很大争议的。最终，中国政府下决心搞大飞机，这里的原因既简单又复杂。简单来说，搞大飞机的原因，就两句话：一是有钱可赚，二是具有深远的战略意义。

我们来看，为什么搞大飞机具有巨大的经济价值。

2009年，波音和空客分别发表了关于未来20年的全球民航市场展望的报告。大体来说，他们的展望和预测是可

信的。在干线客机方面，两家航空寡头对于2009—2028年全球民用干线飞机（100座级以上）的市场需求预测是一致的，更有意思的是，他们都认为中国经济的平稳较快增长将对市场需求产生重要的推动作用。据他们估算，中国未来20年将需要新增大飞机3 689～3 800架，直接经济价值达到4 000亿美元左右。请注意，4 000亿美元仅仅是中国市场，那么全世界呢？如果我们认同和平与发展是世界发展的主流这一判断，那么，可以推断，全球大飞机市场的经济价值将是一个天文数字！

看到这里，有人要质疑了：即便你造成了大飞机，国际市场上不一定销售得好，因此，也就是主要在国内市场上销售，可是上面的论述却没有计算搞出大飞机要花多少钱。保守估计，大飞机项目的前期直接投资超过2 000亿人民币，要真正搞成，还不知道要砸进去多少钱。因此，即便搞成了，也不一定赚钱，说不定还赔钱呢。有这样疑问的人可能还不少，我们不妨来分析一下。

搞大飞机不一定赚钱这个说法本身就是有问题的。确实，如果只把未来某一段时间我们造出的飞机的售价总和与投资总额进行比对，可能会得出不合算的结果。但是，这种做法有个极大的漏洞，就是没有考虑到大飞机产业的经济溢出效应。航空工业是知识密集、技术密集、资本密集产业，产业链很长，其发展不仅能够促进本国科技进步，而且能都带动大批相关产业的持续发展，其智力、技术和经济的溢出效应是难以估量的。仅以航空发动机的研制为例，据日本业界的一项研究，在单位重量创造的价值比这一数值上，船舶为1，轿车为9，计算机为300，支线飞机是800，而航空发动机高达1 400，被称为世界工业产品“王冠上的明珠”。因此，搞大飞机赚不赚钱、合不合算，根本就不是一个问题。

二、搞大飞机主要不是为了赚钱

搞大飞机的战略意义更是深远，非经济价值所能衡量。

先讲两个小例子。话说2008年汶川特大地震，中国人民难以忘却。地震发生的最初几天，震区交通中断，地面人员难以接近受灾最严重的核心区。此时，最好的救灾方式就是空投救灾人员和物资，并通过空中力量运出受灾人员。必须肯定，人民子弟兵尽了最大的努力，媒体上已有充分的报道。可是，大家能够看到多少空投的画面和空运伤员的镜头？的确有，但多吗？真的不多！究其原因，不是人民军队不想投入更多的空中力量，是咱们力量有限。另一个例子，是关于我们的南海的。至少现在大家都承认，我们要更好地保护祖国南海的广袤海疆，不仅海军力量要强，空中力量也要强。相当长一段时间我们在南海处于被动的局面，与我们的海空力量薄弱有很大关系，这是人所尽知的。

那么，上面这两个例子与大飞机的研制有什么关系呢？

话说现代航空业从其诞生开始，就带有明显的国防工业色彩，早期的飞机就最先用于军事用途上。因此，现代航空工业被认为是典型的“军民结合”产业，世界上所有的航空工业企业（尤其是波音和空客两大寡头）都是同时生产军用飞机和民用飞机，美国军方就一直是波音公司的大客户。道理很简单，主要原因在于降低成本、增加利润，根本在于技术的通用性。对于一个国家而言，民机的水平上不去，军机的水平不会好到哪里去。这一点就特别适合解释中国的状况。因此，中国通过搞大飞机工程，提高飞机研制的水平和能力，不仅具有潜在的经济价值，其战略意义更是不能用经济价值来衡量的。也就是说，即使搞大飞机不赚钱，我们也必须搞。我们搞大飞机，主要并不是为了赚钱。这一战略意图，即便我们不说，人家也是懂的，2007年中国正式立项大飞机工程以来，西方媒体已经不知道多少次在这一点上做文章了。

飞机在现代社会的特殊功能与价值日益凸显。如果说核武器是战略威慑力量，那么飞机就是战略任务的执行力量。核武器是不能轻易用的，核战争的门槛是极高的，大量的常规战略任务是要靠飞机去执行完成的。在未来，飞机将在国家的重大紧急状态中发挥无可替代的重大作用，比如抢险救灾、大规模人员与物资的紧急调动等。并且，一旦国家进入紧急状态，95%的民用飞机都可以转为战机使用或是其他特殊用途。类似这种情况的电影镜头在美国大片中已是司空见惯。因此，对中国而言，不是要不要搞大飞机的问题，而是怎么样又好又快搞成的问题！

至此，搞大飞机的重大战略意义已无需更多的讨论。接下来的问题是，这么重要的事情，怎么给人感觉是从2007年才开始受到重视的呢？换句话说，中国人的航空工

业梦想有着怎样的曲折历史呢?

三、先发展导弹还是先发展飞机?

中国人的航空工业梦想，可以追溯到20世纪初。1909年前后，冯如制造并试飞了中国人的第一架飞机。而世界上的第一架飞机，也不过是在早几年（1903年）被美国人莱特兄弟发明出来。就此而言，中国人研制飞机的最初实践并不落后于世界太多。然而，处于列强瓜分下的中国，注定难成大事。

中国人开始认真考虑研制飞机这件大事，是在抗日战争时期。侵华日军凭借其强大的空中力量，不仅肆无忌惮地用飞机轰炸中国军队，而且还大肆轰炸中国的城镇和无辜百姓，其目的在于试图摧毁中国人的抗战意志。历史证明，日本帝国主义错了。面对侵华日军的暴行，中国人没有被吓倒。有识之士开始思考克敌良方，“航空救国”思潮便在这种反思中萌发并最终成为国民政府的战略决策。

一方面，国民政府大量买进美国军用飞机，组建中国人自己的空中武装力量，甚至还邀请美国空军直接来华参加对日作战，著名的“飞虎队”和“驼峰航线”就在中国抗日战争史上留下了深刻的印记。另一方面，国民政府也为制造飞机做准备，成立航空委员会和航空研究院，建造飞机制造及修理厂，大学里开设航空工程相关专业与课程以培养人才。钱学森就是在交通大学读书期间，受“航空救国”思想影响，毅然改变学业方向，转而主攻航空工程并赴美深造该专业。

1949年新中国的成立，开创了中国历史的新纪元。出于国防需要，制造飞机成为必需的战略选择。不过，那时领导人考虑的主要是制造战斗机以充实空军力量，难以顾及民用飞机。即便是制造战斗机，也主要是在苏联的帮助下进行的，后来中国自己制造的比较有名的“歼击机”系列和“歼教机”系列，都有很深的苏制飞机烙印。更重要的是，即便是空军所需的战斗机，也主要是向苏联购买，大规模研制飞机并没有成为新中国成立初期国防战略的重点，而原子弹、导弹才是重中之重。因为仅凭中国当时的经济实力、工业水平和制造能力，短时间内大批量造出飞机并入列部队用于实战，是不可能做到的事情。

四、中国人的航空工业梦想

中国的飞机事业，尤其是大飞机事业的转折，发生在1970年。那年夏天，毛泽东在上海视察时指示，上海工业基础好，要造大飞机。在最高指示下，史上被称为“708”工程的研制大飞机专项任务很快上马，大型客机“运10”的研制任务在极其艰难的状况下，快马加鞭，竟真的被造出来了。

必须承认，“运10”是一个奇迹。在不到10年的时间里，中国航空人用汗水和生命制造出了一架真正意义上的“运10”大飞机！“运10”不仅首飞成功了，而且在中国大地上进行了长时间大规模的试飞，几乎飞遍了中国的东西南北，甚至飞到了世界屋脊西藏拉萨。按说，有了这么好的基础，假以时日，中国大飞机的辉煌应该指日可待。

然而，“运10”大飞机却于20世纪80年代中期悄然下马了。至今，除了少量航空史爱好者和老一辈航空业内人士，大部分国人并不知道历史上还有“运10”大飞机！在很多国人的意识里，似乎中国是没有能力研制大飞机！这不能不说是一个大大的遗憾。

“运10”大飞机的下马，原因是多方面的，教训是惨痛的。有人从政治上解读，说它是特殊历史时期的产物，这注定了它的命运；有人从技术上解读，说它是模仿抄袭波音707飞机，并无新意，而且已经落后，还存在大量严重技术问题；有人从时代背景上解读，说改革开放之后中国急需发展航空运输业，急需购买大型民用飞机，必须走市场换技术的道路；也有人从阴谋论的视角解读，说外国势力巧妙干预，麦道和波音公司为减少竞争对手，迎合中国政策意图，以合作生产、低价提供大飞机为诱饵，让中国航空业自废武功，从此一蹶不振。

“运10”大飞机下马的严重后果是，20世纪80年代以来，中国与麦道、波音（1996年麦道被波音兼并）的合作一次次令人沮丧地失败，让人谈大飞机而色变，在此后20年的时间里，国家竟然没有发展大飞机的战略规划。而近30年却是世界航空业深刻变革的30年。且不说军事上的战略意义，单是庞大的世界民航市场的大飞机需求，全部被美国的波音和欧洲的空客两家公司瓜分了，中国每年要支付巨额资金高价购买波音和空客的大飞机。令人震惊的是，空客的起步，仅仅比中国“运10”大飞机的起步早3年！

五、“心脏病”与“神经病”

在航空业界，有这么一个形象的说法：中国要研制成大飞机，必须攻克两大病症——“心脏病”和“神经病”。“心脏病”的意思是说，航空发动机是飞机的“心脏”，航空发动机制造技术，中国的研制水平还不过关；“神经病”是说，航电系统是飞机的“神经”，中国的研制水平也不过关。

研制大飞机，航空发动机是关键。时至今日，航空发动机已经成为人类有史以来最复杂、最精密的工业产品，每台零件数量在万件以上，其研制工作被称作是在挑战工程科学技术的极限。正因为如此，航空发动机素有“工业王冠上的明珠”、“工业之花”之美誉，被认为是人类工业革命300年来最重要的技术成果。从这些美誉之词中，我们可以看出航空发动机地位之重要、技术难度之高。2009年初，中国政府斥巨资在上海成立中国航空商用航空发动机有限责任公司；2016年8月，又成立了中国航空发动机集团公司，举全国之力，目的就在于研制出大飞机的“中国心”。

如果说发动机、机身、机翼等是飞机的硬件装置，那么航电系统就是飞机的软件装置。航电系统是飞机信息化装备的核心，是信息感知、显示和处理的中心，如果用人体器官来比喻的话，航电系统非常像我们的头部器官：它是飞机的眼睛、耳朵、嘴巴和大脑。航电系统的性能和技术水平直接决定和影响着飞机的整体性能，在发挥飞机效能、节能减排、降低运输成本等方面起着十分重要的作用。

可以说，没有高性能、高水平的航电系统，就不可能有真正意义上的大飞机。

简单来说，航电系统就是指飞机上所有电子系统的总和，主要包括飞行控制系统、飞机管理系统、导航系统、通信系统、显示系统、防撞系统、气象雷达等主要功能系统。时至今日，航电系统的发展经历了三代（分立式、联合式、综合模块化）、五个阶段（离散式、集中式、集中分布式、综合式、先进综合式）的演变。当前，欧美民用航空电子产业中，主要以美国的霍尼韦尔集团、柯林斯集团、法国的泰勒斯集团为主，作为系统供应商，为波音、空客的大飞机配套。欧美还有一些中小型企业也生产航电系统，主打改装或者中小型飞机市场。因此，我们不得不面对的现实是，先进的航电系统主要是欧美航空业发达国家的天下。

我国航电系统的研究主要集中在军用飞机领域，民用大飞机航电系统的研发工作起步比较晚，尚未形成有竞争优势的民机航电系统设计和综合能力。因此，国产大飞机C919不仅在发动机上要“借船出海”，就是在航电系统上也未能实现完全的国产化。国产大飞机C919航电系统的主供应商是一家名叫昂际航电的中外合资公司。

2012年3月，中航工业集团和美国GE公司以1 ： 1的比例合资成立中航通用电气民用航电系统有限责任公司，也被叫做昂际航电，他们为国产大飞机C919项目以及其他下一代民机项目研发基于开放平台的综合航电系统，并力图成为全球知名的一级民用航电系统公司。目前，昂际航电的主要任务是为国产大飞机C919项目提供综合模块化航电系统（IMA），包括核心航电系统、飞机管理系统、综合显示系统、机载维护系统和飞行记录系统。

当前，电子信息技术、网络技术、软件技术和微电子技术等高新技术飞速发展，推动着航电系统向模块化、标准化、结构化、软件化和开放化快速演变，从而进一步推动航电系统向综合化、智能化、信息化、网络化、自动化和一体化方向深入发展，中国有可能在这一进程中迎头赶上，并有所超越。

六、适航证与大国博弈

大飞机产业的特殊性在于，即便我们有能力制造出一架质量完全合格的大飞机，这架大飞机也未必就能飞上天。因为飞机和汽车一样，是要有合格证的。比如，路面上奔跑的每一辆汽车都是有行驶证的，这个行驶证是对汽车出场质量的认可，有了这个行驶证，这辆汽车才能取得牌照，上路才是合法的。飞机的情况也是一样的，飞机要想飞上蓝天，也必须取得合格证。这个合格证被称为“适航证”。中国的大飞机要想取得适航证进而飞遍全球，也是非常困难的。

从专业上讲，所谓适航证，是指由适航当局根据民用航空器产品和零件合格审定的规定对民用航空器颁发的证明该航空器处于安全可用状态的证件。适航是构成国家航空安全的重要组成部分，是民机进入市场的通行证。适航的目的是保证飞行安全、维护公众利益、促进行业发展。

那么，谁有资格给大飞机颁发适航证呢？在我国，当然是中国国家民航管理总局主管此事，中国的大飞机取得中国民航局的适航证，是没有问题的。关键问题是，中国的大飞机要飞出国门，单有中国政府认可的适航证是不行的，也就是说，我们必须取得世界其他国家的认可。

那么，世界上的情况是怎样的呢？目前，全世界多数国家都认可美国联邦航空管理局（FAA）和欧洲航空安全局（EASA）的审定能力及其所颁发的适航证。因此，中国的大飞机C919要想卖到全世界去，就必须获得这两个机构的认可。按理说，咱们造好了质量过硬的大飞机，直接去申请FAA或EASA的适航证不就完事了吗？而关键问题就在这里。

正因为FAA或EASA的适航证是一架大飞机得以进入国际市场的通行证，所以，适航证已经逐渐演变成航空大国保护本国民机市场的手段。如果FAA或EASA不认可我们的适航审定申请工作，就会大大拖延我国大飞机的研制进程，并且由此导致我们的大飞机不能及时投放市场，错失市场需求的一个高峰期，从而直接导致我国大飞机在国内外市场上处于不利的竞争地位。因此，适航证被认为是我国研制大飞机的“软肋”甚至被认为是决定我国民用飞机成败的重要因素。

欧美航空大国在适航证上的垄断地位和先天优势，我们是无法动摇的。再说，人家的适航审定要求本来就是严格的，经过了长期的实践检验，得到国际认可也在情理之中。我国大飞机产业还没有走完一个真正意义上的先进民用飞机研制的全过程，如何取得国外航空当局尤其是FAA和EASA的认可，获取这些机构的适航证，不仅需要航空人的努力，恐怕更需要国家力量的介入与支持。

作者简介：

黄庆桥，上海交通大学科学史与科学文化研究院副研究员。

科技成果转化，路在何方？

目前，我国大学专利科技成果转化率仅为10%左右，尤其是一些大项目产出的成果被束之高阁，大量高校科技成果在转化与转移过程中存在诸多问题。如何进一步推动产学研合作，加快高校科技成果的转化，推动社会经济发展？我国高校科技成果转化究竟路在何方？

一、重返现场：我国高校科技成果转化困难重重

教育部印发《促进高等学校科技成果转移转化行动计划》，要求教育部直属高校在2016年12月底前，其他高校在2017年3月底前，完成涉及科技成果转移转化各项制度、工作机制的建立和完善，形成良好的支持科技成果转移转化的政策环境。这引发了人们对高校科技成果转化的热议。大家都在期待，借政策的东风，在高校形成鼓励创新、促进科技成果转移转化的政策环境。那么，在具体实

践中，我国高校科技成果转化的难题是什么？存在哪些普遍问题？这些问题又有哪些深层次原因？有没有可供借鉴的经验和做法？

某高校的一个研发团队成功研制出了生物制油技术，并申请了专利。这项成果的基本思路是利用废弃的食用油即地沟油来提炼机动车燃料。该技术不仅解决了我国因地沟油而导致的卫生和环保问题，也为解决燃料不足提供了代替方案。但是它与直接从地下开采石油和天然气等燃料相比，生产成本要昂贵得多，因而缺乏经济性，企业难以推广。当然，对于缺乏生产经济性的这些专利，作为实验室技术或小规模实用技术可以存在，以备将来急需之用。但是，专利技术的生产化和商业化则一定要通过技术本身的经济性来实现。

另一种情况是，相对成熟且具有生产经济性的技术进行科技成果转化时也有可能不成功。有一项以薄膜光伏电池技术为主的技术产业化应用就属此类。研发出该技术的大学作为技术提供方，以技术入股。为了保证实验室技术的顺利产业化，根据技术入股的协议，该大学派一直参与光伏电池研制的科研团队作为“技术支持”参与商业化的建设。其中，参与了光伏电池的整个研发过程的A老师一直作为总工程师参与该技术的转化。在实际的生产过程中，A老师多年来积累的经验为设备选择、调试、国产化，生产过程设计及管理等提供了保障。最终，这个项目的产业化取得了商业上的成功。但是，这些年A老师将大部分精力投入到企业的生产过程中，却拿不到企业的股份和奖金，因为他是学校派去的；同时他没有精力继续完成学校的科研任务，也只带了少量的研究生，因此学校的职称评定和工资待遇提高都与他擦肩而过。

这是由于当时公办高校教授团队的科研成果属于国有资产，若要转化，会涉及很复杂的流程，处置不当还可能导致国有资产流失，而教授如果自行转化，又往往处于灰色地带，存在较大风险。因此，不少高校科研成果在发表了论文、申请了专利之后，往往“多一事不如少一事”，后期转化环节戛然而止。而更加众所周知的事实是，绝大多数教授善于科研，却对市场并不敏感，而诸多高校从事成果转化的人员队伍或机构相当薄弱，经费没有保障，同时缺乏专业运营能力和人才团队，转化效能颇为低下。

二、我国高校科技成果转化问题何在？

从以上案例不难看出，我国高校科研成果转化在实际过程中困难重重，上述现象在高校中十分常见。专利可转化程度低的原因非常复杂，其中，专利技术不成熟、缺乏生产经济性以及与社会需求脱节是最常见的原因，现行高校科研评价体制与科技成果转化的导向相互冲突则是更为本质的问题。根据中国科协《2014—2015年度学科发展报告》，全国5 100家大专院校和科研院所，每年完成科研成果3万项，但其中能转化并批量生产的仅20%左右，专利实施率不到15%，形成产业规模的则仅有5%。

（一）高校科技成果大部分处于闲置未被利用状态

一般认为，从研究目的是否指向应用来看，高校的科学研究有纯理论和应用之分。然而，即使考虑了这一点，这种可转化程度低的专利仍然约占我国高校总专利数的40%。这些科研成果本身存在不成熟之处，如核心技术存在缺陷，或并未发展成综合成果的单项成果，或缺少配套技术及后续服务等，而这些不成熟的成果，企业当然不愿意掏钱购买。

同时，在我国高校的专利中，还存在着不少技术成熟但缺乏生产经济性的专利。许多人认为，这类缺乏经济性的技术推广需要国家提供财政资金补贴给有关企业，并举出国外类似政策的先例以佐证。然而，国家的科技财政补贴不能从根本上解决这类技术的推广问题，这源于政府财政规模的客观限制，不可能支持所有类似科技推广项目，除非它已被证明具有明确的国家整体或长期的战略意义。因此，从促进高校科研成果转化的角度来看，寻找经济效益比较好的同类技术进行研发才是比较现实的科研方向。

此外，部分技术成熟且具有生产经济性的专利尚没有为企业充分利用。企业方面既不知道这些科研成果的存在，也不能充分理解它们的价值，还常常对高校科研成果的可利用程度持高度怀疑态度。与企业态度相应的是，高校及科研人员既没有积极宣传自己的科研成果的主动性，也没有合适的推广自己的科研成果的有效渠道。促进这类高校科技成果的转化，就需要密切两者之间的科技联系，建立能够促进科研信息交流和科研成果转化的社会网络和制度平台。实际上，我国政府、高校和社会各方已经在这方面

做了很多工作。

（二）高校科研人员投入科技成果转化的积极性不高

现阶段，高校科研人员的研究目标还是在考虑如何通过单位的考核。比如，主持了多少国家级的科研项目，得了什么奖，出了几本书，发表了多少SCI文章，文章引用了多少次等。同时，由于知识产权保护不力，许多企业都想通过挖相关单位的科研人员，山寨一些科研单位的技术等手段来提升自己的水平，却不愿意花钱引进技术；而科研人员专长是科研，不善于和企业谈判，也没有专门的机构或平台帮助科研人员实现成果转化。

科研人员在项目选择上，一般都从各自学科的研究领域出发，追求理论上的创新，其价值取向是达到国际水平和具有一定的学术成就，往往强调的是课题的先进性和独创性，而对市场需求缺乏重视。忽视其最终研究成果产品化和工业化的可行性，忽视成果转化成产品的市场定位、市场需求、市场容量等问题。

总而言之，我国科技成果及人才等评价机制还不够合理，重论文轻技术，重研究轻推广，特别是过分强调了SCI收录论文的重要性等，导致许多高校科研人员不够重视应用性的技术开发和科研成果转化。从新修订的《中华人民共和国促进科技成果转化法》施行至今，几乎每个月，都有与科技成果转化相关的文件出台。政策“红包”接连发出，我们希望国家所提倡的政策能够促进高校评价方式、评价政策的改变，从根本上调动高校科研人员投入科技成果转化的积极性。

（三）企业技术和人才不足，对高校出来的科研成果“接不住”

与技术专利转让应用不足的现状不同，近年来，我国高校科研经费来源构成中，来自企事业单位的科研经费一直呈逐年增长的趋势，其中有部分工科院校高达45% ～ 60%。这一现象与现阶段我国企业技术研发创新能力薄弱有关，也表明了作为科技成果转化载体的企业对高校科研创新能力与技术的巨大需求。但是，企业的研发经费投入比例的增加却并未有效地体现在高校科技成果转化中。

目前，大多数企业自主开发科技成果和受让科技成果的能力比较低。企业受单纯追求利润的影响，往往更注重生产及营销环节，吸收科技成果的原则是尽快产生效益，及早收回投资，而对那些投资大，消耗时间长，经济效益不明显的项目，往往很少投资。然而，如果没有一定的风险投资，科技成果就很难实现转化。这就使得许多具有良好开发前景的科技成果得不到推广应用。很多中国企业需要的不仅仅是一项技术，更是技术的一整套解决方案。

也就是说，现阶段高校从企业获得的科研经费，实际上可以视为高校科研人员与机构应用自身掌握的技能等为企业提供技术服务的收入，主要用于定制解决企业的实际问题，而且往往避开了产权形式。这是一种从需求端到供给端的技术转化。这种单方面的供需关系往往会加强企业对高校技术“服务”的依赖性，阻碍企业自身真正成为新技术、新产品和新工艺的创造主体。同时，在实际合作中，不重视自身作为创造主体的企业往往在向高校提出技术需求时也比较笼统，在进行委托研发或者联合研发时，需要磨合的时间也较长，而为了规避风险，也不愿意在投入大、周期长的问题上进行投资或者引进，使得实际的科技成果转化效率不高。

三、政策“松绑”后高校科技成果转化的“最后一公里”

近年来，高校科技成果转化因其困境及其可预期的光明前景受到了各方关注。2015年以来，国家先后出台了《中华人民共和国促进科技成果转化法》(修订版)、《实施〈中华人民共和国促进科技成果转化法〉若干规定》、《促进高等学校科技成果转移转化行动计划》等政策，各地方政府与各大高校也纷纷响应，出台并施行相应的省市级“促进科技成果转化条例”、校级“科研成果转移转化管理办法”、“完善知识产权管理体系落实促进科技成果转化法的实施意见”、“科技成果转化资金管理及收益分配细则”等，为政策得到具体落实起到实际激励的作用，高等学校、科研机构和科技人员转化科技成果的积极性有所提高，科技成果转化数量得到增长。

(一) 政策环境逐步完善，高校科研人员积极性有所提高

2015年修订的《中华人民共和国促进科技成果转化法》明确规定，“国家鼓励研究开发机构、高等院校采取转让、许可或者作价投资等方式，向企业或者其他组织转移科技成果”“国家设立的研究开发机构、高等院校对其持有的科技成果，可以自主决定转让、许可或者作价投资”。这一政

策上的突破体现了尊重知识、尊重创新，充分体现智力劳动价值的分配导向，让科技人员在创新活动中得到合理回报，通过成果应用体现创新价值。

人才是创新的核心，是科技成果寄托的载体，只有良好的激励才能真正促进科技成果转化。在国家政策的引导下，科技成果转化及其服务收益分配制度的明确，科技成果转化收益分配渠道的畅通，都有利于营造鼓励创新、尊重创新、崇尚创新的社会氛围，提高高校科研人员转化科技成果的积极性。

（二）加强转化平台建设，高校科技成果转化新通道已经开启

随着科技成果转化风潮的兴起，不少高校先后建立起了科技成果转移转化服务平台。这些平台通过设立专门的机构、配置项目经理，搭建起产、学、研之间的桥梁，被称为是企业家与科学家的中间人。

上海某高校成立的先进产业技术研究院就是这样一个既非教学单位，也不是传统的科研机构，又不是校办企业的平台，而是致力于前瞻性布局和引领新兴产业技术，整合创新力量、推动技术集成和转移。该研究院的强项在于跨学科的产业、技术的整合，协调整合多个学院、多个学科的科研资源进行成果转化，协调资本、产业和教授团队，并找到三方共赢的点。经过多年运作，这个公共服务平台成为带动产学研多方共赢的“试验田”和“催化剂”，“叫醒”了很多“沉睡专利”，为高校科技成果转化开辟了一条新通道。

（三）地方政府大力引导，科研成果转化的“最后一公里”仍需跨越

近一年多以来，由于政策的引导与激励，政府在高校科技成果转化中发挥了相当大的引导作用，但从高校科技成果，到企业单位应用，再到市场运营，中间仍然有着巨大的鸿沟。在现有的体制下，科技成果转化仍然还未被纳入高校的综合考核体系。也就是说，对高校科技成果转化的政策已经松绑，但考核的指挥棒还没有真正转过来。这是一个慢慢转变的过程。

科技从实验室走向市场的关键一步，素有“最后一公里”之称。而这“最后一公里”的跨越，仍然需要企业、高校、政府和转移转化机构的通力合作，亦即，政府起引导作用，在市场不灵的地方由政府来进行宏观调控，并且引导科技创新的大方向。但是，具体的转化由企业根据实际的市场需求来操作，政府不应该干预。

四、我国高校科技成果转化出路在哪里?

针对我国高校科研成果转化过程中存在的多重问题与原因，本文拟提出以下三个改进建议。

（一）强化研究的实用性，调整科研战略导向

如前所述，真正制约我国高校科研成果转化的瓶颈不是专利实际应用率低，而是可转化的专利产出率过低。这意味着目前我国高校的大多数科研成果都缺少高度的实用性。需要强调的是，高校承担着基础科学研究的重要任务，而基础科学研究并不直接指向市场。本文在此所谈的，主

要指应用科技研究。

选题缺乏应用指向性使我国高校相当一部分科研成果天生缺乏实用可能性。发达国家高校的科研成果转化率之所以较高，与他们的科研问题直接来自企业生产的技术需求密切相关。我国高校的科研成果转化率之所以较低，与大部分科研成果本身仅仅是高校科研人员的科研兴趣的直接结果，不符合社会生产的实际科技要求有关系。

即使有些科研选题具有很高的实用性，我国高校的科研人员对科研成果后续的实用化开发研究也缺乏动力。这个缺陷已经存在了很长时间，它与我国高校科研评价机制有密切关系。在现行评价机制中，即便是应用性很强的技术科学领域，公开发表论文的权重远远高过获得专利的权重。因此，通过强调选题的实用性和已有成果的实用化开发，从源头强化高校科研过程的实用化，才是当前提高我国高校科研成果转化的重要途径。

（二）完善高校科研成果转化促进的中试环节，提高专利的可转化程度

从发明专利到专利被生产企业直接采用，另一关键环节是中试。中试是实验室科研成果向生产转移的重要环节。它以实验室取得的各种技术数据、方法和路线为基础，运用工业生产成熟或较为成熟的工艺装备，进行比实验室规模更大的试验，以求得验证、校正或修改实验室的结果，摸索出一整套可以用于指导大规模生产和建设的数据、方法、路线和装备，同时以中试批量产品试探市场，为大规模生产做技术、经济和营销准备。如前所述，中试花费比

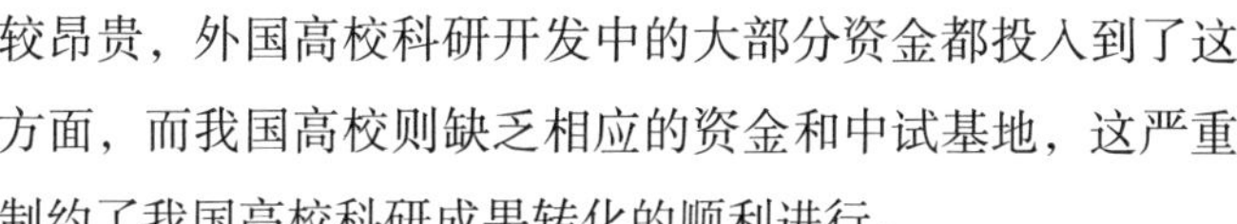

较昂贵，外国高校科研开发中的大部分资金都投入到了这方面，而我国高校则缺乏相应的资金和中试基地，这严重制约了我国高校科研成果转化的顺利进行。

现阶段较为可行的办法是，由政府及时和尽量提供中试资金。当然，随着我国资本市场的成熟，通过风险基金，充分利用市场资本也是一条值得考虑的新路。至于中试基地，有研究者提议采取校办企业的方式，这与我国科研机构办企业的思路相同。我国20世纪有很多科研机构曾尝试建立独立的中试基地。从实际效果来看，这个方案并不理想。其实，最好的中试基地就是生产企业。这需要政府提供一定的研发资金和进行相关体制改革以建立激励机制，来提高企业利用科研成果进行技术革新的内在动机。同时，也需要高校采取相应措施，提高高校研究人员的中试动力。

（三）优化创新科研模式，大力发展产学合作科研

随着社会的快速发展和知识生产模式的变化，新型的科研成果转化模式应运而生：构建以企业为主体、市场为导向、产学研相结合的技术创新体系，使企业成为技术创新决策、研发投入、科研组织成果应用的第一主体，使高等学校、科研院所成为科技创新和服务的重要力量。也就是说，它的基本组织形式是产学合作科研。这种形式使科研成果转化过程内植于企业的生产技术革新过程之中。具体说来，科研过程就是科研成果转化过程，而科研成果转化过程就是生产技术革新过程。在这个过程中，科学技术知识的生产与应用都是同步进行的，设备、设施和资金的使用也是高效率的，从而顺利解决了传统科研成果转化模式中缺乏中试基地和资金等关键问题。在新模式中，科研成果、可转化科研成果和可转化科研成果转化的出现在时空上几乎是同一的，而在数量上也是接近的。

20世纪80年代以来，在世界各发达国家的研究型高校里，产学合作科研都得到了长足发展。近年来，产学合作科研在我国也有所发展，尤其在年轻的科研人员中间。然而，我国的产学合作尚停留在自发阶段，今后需要政府大力促进。例如，政府设计出一套能够提高高校科研人员和企业参与动机的激励机制等方式。国外产学合作科研的蓬勃发展，基本上是各国政府推动的结果。因此，也有研究者称产学合作科研为产学官合作科研。如何扩大我国高校的产学合作科研规模是今后我国科技政策中需要深入研究的最重要课题之一。

作者简介：

黄庆桥，上海交通大学科学史与科学文化研究院副研究员；胡晗，上海交通大学科学史与科学文化研究院硕士研究生。

人工智能

——人类的助手、对手还是替代者?

2017年5月，围棋人机大战2.0在万众瞩目中上演，以柯洁九段为代表的人类顶尖棋手和人工智能AlphaGo在乌镇进行三番棋对阵。2016年3月人工智能程序AlphaGo以4 : 1战胜李世石时，围棋世界排名第一的柯洁曾发表微博“就算AlphaGo赢了李世石，但它赢不了我”。然而此次人机大战开赛之前，多数人并不看好这位号称世界第一的“棋王”是否能够守住人类棋手最后的尊严。因为早在岁末年初，完善后的AlphaGo化名Master，已经与包括柯洁在内的顶尖棋手进行了近60盘对局，人类一盘未胜！比赛的结果是AlphaGo不出意外地直落三局完胜柯洁。AlphaGo在围棋界的骄人战绩，让人工智能的话题再次成为世界瞩目的焦点。人们普遍认为通用型的人工智能可能在十年内趋于成熟，人工智能超越人类智能也只是时间问题。未来，人工智能到底是人类的助手还是对手？人工智能会不会取代人类？这也是全人类共同关心的问题。

一、什么是人工智能？

人工智能（英文缩写AI），是指通过计算机实现的智能，也特指研究和开发用于模拟和拓展人类智能的理论方法和技术手段的新兴科学技术。“人工智能”里的“人工”两字一般并无争议，但是何为“智能”在当前科学界、哲学界中仍有争议。人们普遍关注未来人工智是否会具有类似人类的“自我意识”，但涉及诸如意识（consciousness）、自我（self）等概念的实质，人类的了解也还非常有限。因此人工智能的研究往往也涉及对人类智能本身的研究。

（一）图灵测试——人工智能的评判标尺

由于注意到“智能”这一概念难以确切定义，天才的“计算机科学之父”图灵1950年在论文中提出了著名的图灵测试：如果一台机器能够与人类展开对话而不能被辨别出其机器身份，那么这台机器具有智能。图灵用这一简化来说明“思考的机器”是可能的。图灵测试是人工智能哲学方面第一个严肃的方案。2014年6月，报道称首次有电脑通过图灵测试。在雷丁大学（University of Reading）所举办的测试中，人工智能骗过研究人员，令他们以为“它”是一名13岁男孩，但学术界对这一结果留有争议。

图灵测试的思路为评估人工智能的发展状况提供了很好的参考。通常按照人工智能的发展水平将其分成两大类：弱人工智能（Artificial Narrow Intelligence，ANI）只能够按照既定的固定结构去计算并获得答案，完成有限几个方面的任务，比如AlphaGo虽然在围棋上已经能战胜人类的世界冠军，但是它只会下围棋，你若问它哪个景点风景更美，它就不知道怎么回答了。受既定算法的限制，弱人工智能并不能真正地推理和解决各个层面的问题。强人工智能（Artificial General Intelligence，AGI）则是能具有类似人类思维的人工智能程序。不同于弱人工智能，强人工智能可以像人类一样应对不同层面的问题。值得注意的是强人工智能未必和人类采用同样的思维模式，其知觉、意识和推理方式，可能和人完全不一样。

（二） 强人工智能会以怎样的方式出现

应该说，目前为止，人类在人工智能方面取得的成就基本上都还处于弱人工智能的阶段，强人工智能的研究进展比较缓慢。但AlphaGo所取得的成就仍然可被视为是人工智能发展历史上的标志性事件，虽然这并不是人工智能技术上的革命性突破。AlphaGo研发团队Deepmind小组今年初在*Nature*上发表论文揭示了AlphaGo所采用的理论基础，AlphaGo在算法层面上并没有太多新的东西，主要是通过把已有的技术整合在一起，并通过深度学习，利用大量的训练数据和计算资源来提高准确性，强大的计算平台和工程能力是核心。但AlphaGo之所以受到广泛的关注，除了它已具备战胜人类冠军的能力外，其采用策略网络算法对直觉的模拟可能对未来会具有深远的影响。与之前深蓝所采用的技术不同，AlphaGo不仅是以已有的大量棋谱作为基础知识构建评估决策系统，而且以大量的自我对弈学习，不断优化上百万个神经网络参数，从中学习帮助捕捉某种好的棋盘位置感的函数。这种决策方式更类似于人类的“直觉”。

计算机早已在逻辑思维方面达到了人类智能无法匹敌的水平，如今又获得了模拟直觉的能力，也许意味着通用人工智能的突破就在须臾之间。当然强人工智能的反对者会提出不同意见，如果一台机器的唯一工作原理就是采集数据、转化编码、输出结果，那即使机器能根据结果修正自身参数以获得更优化的输出，这台机器仍然不具备理解数据本身的能力，并不能认为它是有思维的。但人类智能进化的本身也是一个从量变到质变的过程，生命活动虽然很复杂，但意识的本质也许就是800～1 000亿个神经元组成的神经网络对外界信息做出的反应。未来，随着计算机计算能力不断加强，并和大数据相结合，也许就会由量变到质变催生出强人工智能。

二、为什么要发展人工智能？

如果说微电子技术和算法研究的进步奠定了人工智能发展的基础，大数据赋予人工智能更加广阔的未来，那么人工智能对人类当前生活、工作的提升，对现有产业的优化和颠覆，以及人类文明未来延续和开拓的需要，都是人类研究和发展人工智能驱动所在。

（一）智能管家呼之欲出，人工智能提升人类生活品质

目前，人工智能早已不再停留在科幻小说中，正在逐渐渗入我们的日常生活。2016年3月，AlphaGo缔造

者、DeepMind的联合创始人哈萨比斯接受采访时表示：DeepMind的目标不止于围棋领域，他们下一步还将在游戏、医疗、机器人、智能助手等多个领域开发人工智能应用。美国微软公司在年度开发者大会上也宣布新的人工智能计划：开发以“对话作为平台”（conversation as a platform）为理念的微软Bot架构。微软首席执行官萨蒂亚·纳德拉说，继键盘、鼠标、触摸屏之后，能理解人类语言、实现人机互动的人工智能自动程序，将成为下一代界面。2018年1月Facebook CEO扎克伯格高调宣布开始制造人工智能管家，并命名为“贾维斯”（与《钢铁侠》中的人工智能管家同名）。国内业界，百度也在去年与长安汽车签署战略合作协议，宣布将在合作的“智慧汽车”中植入百度的车联网系统。百度总裁张亚勤将此称之为“社会正在从‘互联网+’步入‘智能+’的一个标志”。无疑，在不远的将来，智能汽车、智能健康顾问、智能家居乃至“机器人管家”等都将极大提升人们的生活品质。

（二）人工智能对产业的改造和颠覆

人工智能对产业的改造带来的影响更加巨大。以物流行业为例，当前国内物流总费用占到全国GDP的16%，而物流行业中人工成本占到总成本的40%（快递行业达到50%），一旦未来通过人工智能实现自动驾驶，对于当前物流行业的影响是颠覆性的。2016年10月阿里云研究中心、Alibaba Innovation Ventures和BCG最新合作报告揭示，人工智能更易于解决符合以下三大特点的商业问题：行业存在的持续痛点；商业流程本身具备数值的信息输入为可以细分并清晰地界定，商业流程存在重复，且获得的结果的沟通以书面沟通或单项沟通为主；商业流程较少受到整体商业环境的复杂影响。在可预见的未来，不仅是“蓝领”工人，“白领”的工作也会大片消失，比如企业客服、银行前台、收营员乃至翻译、校对等都是可能被人工智能取代的职业。虽然有人工智能可能造成新失业潮的担忧，但人工智能也会产生新的就业岗位。Uber和Airbnb的出现已证明，依靠大数据、人工智能算法技术，在资源和需求之间进行高效率配置，可以创造出大量颠覆传统工作模式的自由职业。

（三）人工智能提升科学研究水平

人工智能的深度学习有助于提升科学研究水平，谷歌与斯坦福大学实验室合作探讨如何使用多重来源的数据，提高筛选各类高化合物有效治疗疾病的准确率，研究人员使用大规模分布式深度神经网络（Large Scale Distributed Deep Networks）训练系统，他们总共使用了3 780万个数据点，挖掘了超过200个生物实验过程，训练数据集总量达到了以前训练量的18倍。这数据集的巨大容量，让研究人员能够仔细探究模型对不同变量和输入数据的敏感性。目前人工智能在模拟实验、医学诊断甚至法律判决等领域都已表现出和人类水平相当甚至更高的分析判断能力。

（四）人类未来发展需要人工智能的助力

未来，人类要解决制约文明发展的环境、资源难题，乃至走出地球、全面进入太空，离不开人工智能的帮助。20世纪60年代物理学家弗里曼·戴森研究了人类文明进化

为二型文明的可能性，提出把太阳或恒星包围以充分利用恒星资源的方案，这就是著名的“戴森球”构想。为了增强可行性，“戴森球”又被进一步修订为由松散环绕恒星轨道的太阳能收集器组成的“戴森云”。可以想见，无论是“戴森球”还是“戴森云”都已经远远超出人类当前的工业生产能力，在建造过程存在不可预见的巨大困难，没有强大的人工智能系统的辅助，根本不可能部署和维护如此规模巨大的宇宙飞船和卫星系统。

三、人类应该警惕人工智能吗？

专用人工智能已经在引领产业变革的浪潮，通用性人工智能或强人工智能甚至是超人工智能的实现也只是时间上的问题。人工智能发展的趋势似乎是无法逆转的，但人类对人工智能的忧虑也从未停止。2015年11月，特斯拉创始人埃隆·马斯克（Elon Musk）提出警告，人工智能机器可能在短短五年之内就会引发“一些非常危险的事件”。马斯克将人工智能描述为“我们潜在的最大威胁”。2015年早些时候，包括霍金、马斯克等在内的多位科学家、企业家共同签署了一封公开信表示，人类不应任由人工智能发展，而不加以控制。如果不对智能机器严加看管，人类的前景可能会相当晦暗。信中提醒科学家，务必提前阻止这种悲剧的发生，否则人类将因此灭亡。

（一）人类为何会对人工智能心生恐惧

人类为何会警惕人工智能？笔者认为这来源于人类恐惧不确定性的本能。心理学研究显示，当人们在应对不确。
定性情境，尤其是感受到外部威胁的存在时，对于寻求确定性答案的愿望会更加强烈，这种心理学现象被称认知闭合（cognitive closure）。能够引起认知闭合的，不仅仅是现实中可能发生的危险，很多时候仅仅是想象中的危险，也会引起人们强烈的情绪和认知闭合的需要。按照目前人工智能技术发展的趋势，极有可能在人类掌握意识、思维、自我等概念的本质之前，通用型人工智能的能力就将超越人类的智能。而人类意识本身就具有不确定性的一面（比如同样的面部表情可能对应完全不同的内心状态），这种不确定性是否也会成为强人工智能的特性，以及强人工智能出现后，这种不确定性是否会被放大，进而导致人工智能失控，都成为人类恐惧人工智能的来源。

（二）人工智能对社会秩序乃至人类文明的冲击

除了对人工智能不确定性的恐惧外，在商业利益的推动下，科技发展和产业进步的速度超越人类文化与社会发展的脚步，也将带来人工智能对于社会文明的冲击，这种风险的存在提醒人类不能过于依赖科技，并要警惕现代科技架构下的各种风险。上海交通大学科学史研究院的江晓源教授在《为什么人工智能必将威胁我们的文明》一文中指出，人工智能的威胁可以分成三个层次来看：近期的、中期的、远期的——也就是终极威胁。近期威胁包括大批失业、人工智能军事化；中期威胁是人工智能的反叛和失控；远期威胁在于人工智能将最终消解人类生存的根本意义。

在科幻文学和影视作品中，关于人工智能的未来已有了很多设想，大体上可以分为三类：一是以《钢铁侠》为代表的技术乐观派，认为人工智能作为人类的好帮手和能力延伸，始终在人类的控制之下，即使出现反人类的人工智能（如奥创），也可以通过更强大的亲人类人工智能（如幻视和贾维斯）予以制约；二是以《黑客帝国》《终结者》系列为代表的悲观派，认为人工智能反叛并奴役人类，人类与之陷入艰苦的抗争；第三类以《机器管家》（阿西莫夫原著《200岁的寿星》）为代表，探讨了人工智能得到人类承认并在生命形式上和人类融合趋同的过程。值得注意的是，阿西莫夫曾表示，这是他本人最喜欢的一篇机器人小说，可见他对人机融合这种可能性的肯定态度。

（三）人机融合，“超人”的希望与毁灭的争议并存

目前人机融合已成为人工智能的重要发展方向，也被视为人工智能的下一个重要拐点。2017年3月28日，埃隆·马斯克宣布着手推动人机融合，将成立一家名为“神经连接”的公司，致力于把人脑与电脑连接起来，提升人脑能力，以确保人类有能力应对人工智能（AI）带来的威胁。但另一方面对于人机融合的争议也已产生，支持者认为这将是人类进化的里程碑，甚至是人类摆脱死亡命运的路径；反对者则提出脑机接口比单纯的人工智能更加危险和不可控，可能直接造成人类的灭亡，必须坚决制止。未来如果人工智能与人类逐步融合，甚至人类记忆和智能能复制转移后，是否会产生所谓的“超人”阶层，“人”自身是否会被重新定义，这到底是人类的进化，还是毁灭，这既是人类智能本身的“忒休斯之船”思辨，更有复杂的伦理审问。

（四）人工智能会以“技术奇点”的形式爆发吗?

对于人工智能乃至人机融合期待抑或恐惧，人们应当建立更为全面的思维模式。人工智能的发展，并非只有黑与白两种对立的结果，技术与社会的发展是复杂而连续的。从人工智能学科发展的规律来看，是否会出现所谓的人工智能“技术奇点”颇有争议，因为当前人工智能的发展更大程度上是半导体技术发展提升计算机运算能力的结果。一旦摩尔定律失效，人工智能是否还能继续保持现在的发展势头是个疑问。人机结合、脑机接口同样也不是非黑即白，一蹴而就。笔者预测，由于智能材料介入在大脑损伤、阿兹海默症、瘫痪等疾病康复治疗中有广阔的市场，“人机结合”未来很有可能首先在医疗领域取得突破。未来“人机结合”在医疗领域成熟之后，再渐进地扩大人工智能与人融合的边界。

四、面对人工智能发展趋势，中国怎么办?

人工智能部分领域技术条件臻于成熟，为进一步研发与应用提供了充分的空间，在可预见的未来，人工智能不仅会提升全行业的效率，甚至也将超过人类能力极限完成一些当前无法想象的事情。世界各国、各大知名巨头企业都争相将人工智能作为重点发展的产业领域。同时，人工智能未来的风险也不容忽视，在此背景下我们对于人工智能产业发展、技术普及和相应产生的社会问题都应审慎对待。

（一）在政策层面扶持人工智能的研究与产业发展

目前中国人工智能正处在黄金发展阶段，无论在学术研究上还是产业规模上，都已居世界第二的位置。2017年初人工智能国际顶级会议AAAI大会2 571篇投稿论文中，中国和美国的投稿数量分别占到31%和30%，虽然在被接受论文数量上，中国还是低于美国，但数量已经大幅提升（本次AAAI还首次因为与中国春节冲突而调整了时间）；在全球人工智能专利数量方面，中国以15 745个紧跟在美国26 891个之后位列第二；从人工智能产业规模看，美国和中国分别位居世界第一和第二，但美国的优势明显，企业数和融资规模分别是中国的4倍和7倍。虽然中美在人工智能领域的差距正在缩小，但历史经验表明，一个国家利用其技术优势，可以形成所谓的“技术霸权”，因此，中国为维护国家利益必须关注自身在人工智能领域的竞争地位。上海交通大学计算机系校友，第四范式创始人、首席执行官戴文渊指出，从数据量、投入的人力、财力来看，中美之间没有多少差距，且中国更有优势。中国最大的优势是人多，这种优势体现在三个层面，人多意味着市场大，有更强的驱动力去把这件事情做好。其次，社会服务层面需要很多数据。第三，人才基数比较大，冒出顶尖人才相对多一些。当然，未来要缩小中国发展人工智能与美国的差距，乃至超越美国处于领先的位置，还需要多方面的国家政策扶持。最近一年，在国家层面的产业规划中涉及人工智能产业的政策也越来越频繁。2016年5月，国家发展改革委网站公布了国家发改委与科技部、工信部、中央网信办共同制定的《“互联网+”人工智能三年行动实施方案》，计划到2018年基本建立人工智能产业、服务和标准化体系，实现核心技术突破，培育若干全球领先的人工智能骨干企业，形成千亿级的人工智能市场应用规模。2017年初的全国科技工作会议上，科技部长万钢表示，目前正在编制人工智能的专项规划，并研究论证人工智能重大项目的立项工作。2017年两会首次将人工智能纳入政府工作报告。这一系列动作表明政府决定支持人工智能产业增长，人工智能也被列为中国经济优先扶持的产业领域。

（二）认清人工智能发展短板，优化国内人工智能发展环境

目前，中国人工智能发展的瓶颈之一是人才储备。一方面，深度学习的人才严重供不应求。就应用层面而言，中国的算法发展程度与其他国家并无太大差距。然而，中国的研究人员在基础算法研发领域仍远远落后于英美同行，主要原因就是人才短缺。美国半数以上的数据科学家拥有10年以上的工作经验，而在中国，超过40%的数据科学家工作经验尚不足5年。中国在人才培养方面的持续努力将至关重要。另一方面，人工智能人才的培养不应局限在技术领域，人文精神和社会责任的培养同样重要。5月15日，李开复在纽约哥伦比亚大学工程学院2017届毕业典礼上的演讲《工程师的人工智能银河系漫游指南》指出：如同医生们遵循着希波克拉底誓词，承担着神圣的救死扶伤的神圣使命。在人工智能时代，工程师的使命同样神圣，甚至更加沉重。工程师有绝对的责任去预见和防止潜在的技术失控给人类带来威胁。

中国人工智能发展的另一瓶颈是高端半导体技术。因为人工智能技术的发展，更大程度依赖于运算速度和存储容量本身的发展，所以，以高端半导体技术为基础的高运算速度的计算技术是发展人工智能技术的重中之重。目前中国的芯片严重依赖进口，已经连续两年进口芯片的花费超过了原油，部分类型的高端半导体、特种处理器则几乎完全依靠进口。芯片水平决定着人工智能解决方案能否实现大规模商业化。2015年，美国政府禁止了英特尔、英伟达和AMD这三家全球最大的芯片供应商向中国机构出售高端超级电脑芯片。这一禁令显示了中国在半导体方面的自主研发能力对于未来人工智能发展十分重要。一方面中国需要继续在传统半导体领域快步追赶，另一方面也要在量子计算等领域投入研发支持，实现高性能计算的弯道超车。

（三）构建技术、法律、社会协同发展的人工智能发展模式

当前包括人工智能、基因和胚胎研究等多项技术都在挑战已有的商业习惯、法律规定和伦理习俗。这一变化带来的影响不仅仅反映在技术一个维度上，所以我们需要科研人员和哲学家、历史学家、心理学家、法学家、社会学家等多领域的专家合作，稳定技术进步对社会的冲击。在过去几年中，中国政府对于网络支付平台以及网约车、共享单车等共享经济模式在发展和管理过程中的经验表明，中国以政府主导的市场经济模式，在分摊技术红利、改造民众生活方式、实现公平保底，相比于西方自由市场经济更加具有制度优势，能让群众共享技术发展的成果，实现经济、技术与社会的高质量协调发展。目前中国在人工智能领域同样也已具有了“后发先致”的趋势。在不远的未来，人工智能会极大冲击现有就业岗位，技术红利收益通过资本运作被少部分群体获取，而底层百姓生活反而更加困难。对此政府应在保障群众教育、医疗、文化、政治等最基本的社会权利的基础上，通过制定统一的市场规则、合理的资源分配方法并强化市场监管，让一切劳动、知识、技术、管理和资本的活力竞相迸发的同时，将人工智能创造的社会财富充分分流，最终造福于全体人民。从长期看，人工智能可能会从医疗健康领域突破并逐步产生“人机融合”，会对社会伦理造成巨大冲击。国家需要从社会发展自身规律出发，在一定历史阶段设置相应技术普及的伦理红线，同时，积极推动人工智能伦理学、法学、社会学的研究，探寻人工智能与人类社会协同发展的路径。在外交和军事领域，中国应从“人类命运共同体”的立场出发，旗帜鲜明地反对人工智能的武器化，主导建立全球限制人工智能武器发展的相关规则和协商机制。

作者简介：

郑浩，上海交通大学马克思主义学院讲师，化学化工学院党委副书记。